ITALIAN

General Editor: KA

GW01086104

40

TWO P

FRANA ALLO

L'AIUOLA

UGO BETTI

Ugo Betti

TWO PLAYS

FRANA ALLO SCALO NORD
L'AIUOLA BRUCIATA

EDITED
WITH INTRODUCTION,
NOTES AND VOCABULARY

by

G. H. McWILLIAM

B.A. (Leeds), M.A. (Dublin)
Former Fellow of Trinity College, Dublin
Professor and Head of the Department of Italian
University of Leicester

MANCHESTER
UNIVERSITY PRESS

© 1965
Published by Manchester University Press
Oxford Road, Manchester M13 9PL

First published 1965
Reprinted 1968, 1973, 1978
ISBN 0 7190 0197 8

Printed in Great Britain
by Unwin Brothers Limited
The Gresham Press, Old Woking, Surrey

PREFACE

THIS edition of two plays by Ugo Betti is intended, not only for the university honours student, but also for the student (in schools, institutes, universities and elsewhere) who is perhaps coming into contact for the first time with an Italian literary text, or to whom the colloquialisms of conversational Italian may be unfamiliar. The introduction and notes offer information and comment on an author about whom little has so far been written in English, while the vocabulary (which provides translations of words and phrases as they appear in their context) includes all words except those that are most common and most easily understood.

Grateful thanks are due to Messrs Cappelli, of Bologna, for permission to publish the two plays in this edition. The texts here reproduced are essentially those printed in the Cappelli edition (1957) of Betti's *Teatro completo*, with the occasional misprint corrected. In the case of *Frana allo Scalo Nord*, a variant reading from the earlier editions (published when Betti was still living) has sometimes been preferred.

I wish to thank Dr Kathleen Speight for kindly inviting my collaboration in this series, and for much helpful advice. To my former colleague, Mr F. E. Dowrick, I am indebted for a lawyer's comments on *Frana*. Dr Andrea Tossi, of the Italian Institute in Dublin, provided prompt and illuminating answers, for which I am most grateful, to some questions regarding specific points of interpretation. To the dramatist's widow, Signora Andreina Betti, I take this opportunity of rendering sincere homage for a decade of unfailing assistance and patient encouragement in my researches into her late husband's work, and for her generous hospitality at Camerino. To her and to her brother-in-law, Professor Emilio Betti, I wish to express thanks for their helpful replies to queries in connection with this volume. The Irish Chief Justice kindly lent some books on Italian law, and an Italian–English legal dictionary, which I found useful. My good friend and former teacher, Mr T. G. Griffith, offered some last-minute advice, some of which I took, and for all of which I am grateful. Finally, I wish to record my indebtedness to my wife, Jennifer, for her invaluable assistance in the compiling of the vocabulary.

For this reprint a few small corrections and additions have been made. The introduction remains unchanged, as do the texts of the two plays.

It is impossible to remain indifferent to the work of Ugo Betti. His writings engender a positive response, whether of violent antipathy or of warm esteem for his articulation of certain basic truths about the individual in modern society. To a large extent, this sharp division of opinion reflects contrasting attitudes towards what Leopardi, seizing upon a phrase used by one of his nineteenth-century contemporaries, mockingly described as 'the magnificent and progressive destinies' of his own optimistic, self-confident age. Like Leopardi, Betti expresses strong reservations about a society whose single-minded pursuit of materialistic goals reduces its awareness of man's inescapable condition of lonely vulnerability. Like Leopardi, Betti prescribes *pietà* (cf. the ending of *Frana*) as the only meaningful response to this condition. Like Leopardi, Betti is a master of the scornful epigrammatic style, as seen in such memorable utterances (cf. *L'aiuola bruciata*, II, i) as *il progresso è morire, sí, ma piú grassi, piú puliti, meglio vestiti*. What Betti's adversaries find hard to forgive is his unyielding scepticism with regard to utopian solutions that fail to take account of the exigencies of the human spirit.

G. H. McWilliam

Leicester, 1977

CONTENTS

Frontispiece
UGO BETTI

INTRODUCTION

UGO Betti was born on 4 February 1892 at Camerino, a tiny
city perched on a hilltop between Foligno and Macerata in
the eastern Apennines, which despite a meagre population
(about 5,000) boasts a university and the palace of an arch-
bishop. In Renaissance Italy, Camerino was an important city-
state, the stronghold of the powerful Varano family which
extended its dominion over a sizeable area of the surrounding
countryside, but its remoteness from any of the modern arterial
roads or railway routes has brought about its progressive de-
cline, and today it is simply one of the smaller and more
inaccessible of the innumerable hill-towns of Central Italy. Its
elevated position (2,148 ft) gives it a relatively pleasant summer
climate, and this, together with the graceful, rounded beauty of
the mountains surrounding the town on all sides, accounts for
the frequency with which Betti returned to his birthplace
during the course of his life. The mountain settings which he
introduces into many of his plays (e.g. in *L'aiuola bruciata*) are
doubtless inspired by this region, for which Betti had a bound-
less and abiding affection.

His father was a country doctor, who in 1901 was appointed
superintendent of the municipal hospital at Parma. Ugo Betti,
now aged nine, moved north with his parents, and it was at
Parma that he received his secondary education. His brother
Emilio, two years his senior, who was later to become a distinguished jurist, was left behind in Camerino to be cared for by
grandparents, with the result that Ugo's upbringing was of the
sort usually reserved for an only child. He appears to have been
smothered with attention, more particularly by his doting and
sentimental father, whose note-books display a truly extra-
ordinary solicitude for his son's welfare and an immoderate
pride in the boy's accomplishments. When Ugo was still no
more than a child, the good doctor would regularly convey

him to his club, where the boy would arouse the curiosity of the members by the obvious pleasure which he took in reading the more erudite literary and political reviews. Before leaving high school to proceed as a law student to the university of Parma, Betti's interest in literature found concrete expression in a remarkably sensitive blank-verse translation of Catullus' *Epithalamium* of Thetis and Peleus, which was published at Camerino in 1910.

That he should have chosen, as a university student, to read law in preference to literature was due on the one hand to the absence of a faculty of letters at Parma, and on the other to his father's dire warnings about the precariousness of a literary career. However, the thesis which Betti presented for his doctorate in 1914 was of purely marginal relevance to the study of law, being a fiery and immature politico-philosophical tract which opens with the firm assertion that every human action is the product of man's all-consuming concern with his own personal well-being. The discussion on egoism serves as an introduction to the central portion of the thesis, which consists of an ingenious but, in the final analysis, brash attempt to interpret the history of European civilization in terms of man's egocentricity. Betti's doctorate thesis is suffused throughout with a spirit of uncompromising cynicism. Christian love of one's neighbour is dismissed as hypocritical nonsense; marriage is described as an anachronism, soon to be thrown upon the waste-heap of outmoded social institutions; deeds of heroism and altruism are seen simply as other aspects of man's egoism, the opposite side of the same coin; virtues are merely vices in disguise. We should not take too seriously the iconoclastic, anti-democratic notions to which Betti, influenced by D'Annunzio and the Futurists, and by the current vogue for breathtaking intellectual acrobatics, subscribed with such evident relish in his thesis, for the whole of his future literary work provides an eloquent counter-balance to those undergraduate outpourings. All the same, Betti never really abandoned his early conception of man as an incorrigibly egocentric creature. And the cynicism of his doctorate thesis is reflected in numerous characters in his plays, among them Tomaso in *L'aiuola bruciata*.

Barely a few months separated Betti's graduation and Italy's decision in May 1915 to enter the First World War. He immediately enlisted in the army as a *volontario ciclista*, and when, a few months later, the territorial army was disbanded, he applied for admission to the military academy at Turin, from which he passed out as an artillery officer in February 1916. He was at once posted to a front-line artillery unit, where he served with distinction until he was captured, after heroically defending his position against hopeless odds, during the great Austro-German offensive at Caporetto in October 1917. Chastened by his wartime experiences, both at the front and in a German prison-camp, the Betti who returned home at the end of 1918 was a sadder and a wiser man than the brash, boisterous, banner-waving youth who had hurried off so confidently to war a little over three years previously. There is a section of his doctorate thesis devoted to a glorification of war and militarism. But when, many years later, he was asked what lessons he had learned from his active participation in the war, he replied that 'una cosa è parlarne, un'altra è farla'. The stupidity of war, and the imperative need to seek a peaceful solution to ideological differences, are important ancillary themes in *L'aiuola bruciata*, as well as in another of Betti's plays, *La regina e gli insorti*.

The question of his career had inevitably occupied a prominent place in Betti's thoughts during the long months of his captivity. He had been trained for the law, yet on his return to Italy he was not altogether able to dismiss the temptation to embark on a full-time literary career. Probably as the result once again of his father's active encouragement, he decided to resume his legal studies, choosing the specialized field of railway law, with the intention ultimately of seeking appointment as a legal consultant to the State Railways. The fruit of his labours was a lengthy and perceptive dissertation, *Considerazioni sulla forza maggiore come limite di responsabilità del vettore ferroviario*, which was printed privately in 1920 and has so far escaped the attention of Betti's critics. This comparatively unknown treatise is of some little interest, more especially for its first part, in which the writer deals with general questions concerning the responsibility of large public or private enterprises. There we find Betti strenuously supporting the subjective definition of an 'act of God' in opposition to the more traditional objective viewpoint, thus placing emphasis upon the responsibilities which attach to the individual in reducing the possibility of accidents. Betti's views on this topic, together with his assertion that responsibility inescapably presupposes guilt, are graphically illustrated in his observation that 'if a tree is destroyed by lightning, we can say that the tree has perished because of the lightning; but if the lightning strikes a building on which the owner should have erected a lightning-conductor, we must conclude that, from the point of view of moral and juridical liability, the true cause of the damage was the owner's negligence'. This passage from a specialist treatise on railway law is of peculiar relevance to a consideration of Betti's drama, in which there is frequent reference to questions of responsibility. The first of the plays in the present volume, *Frana allo Scalo Nord*, deals with a judge's futile attempts to ascertain responsibility for a fatal accident at the scene of building operations in connection with the construction of a new railway line. The fact that the judge, instead of pronouncing sentence, prescribes compassion as the only relevant form of justice for a bewildered humanity, gives some indication of the distance separating Betti's professional view of justice from the one which he held as an artist and poet.

In fact, for the whole of his life, Betti was subjected to the tug of conflicting loyalties, on the one hand to the legal profession and on the other to literature. During the 'twenties, his interest in railway law having subsided, he won appointment as *pretore*, or local stipendiary magistrate, at the village of Bedonia, near Parma, and served in the same capacity in several other rural centres in the same region before becoming an examining magistrate in Parma itself. To the same period belongs the publication of his earliest volume of verse (*Il Re pensieroso*, 1922, consisting of poems he had written as a prisoner of war) and of his earliest volume of short stories (*Caino*, 1928), as well as the composition of his first three plays (*La padrona*, 1926; *La casa sull'acqua*, 1928; and *L'isola meravigliosa*, 1929). Nor did his literary activities become any less intensive after 1930, the year of his marriage and of his transfer to Rome, where he had secured appointment to the more exacting and more responsible duties of a judge in the Court of Appeal. This of course was the period of the fascist dictatorship in Italy, and the independence of the judiciary was severely compromised, with the result that when, in 1943, the old order was replaced by the new, Betti's career on the bench was brought to a premature conclusion, and in the years that followed he came in for a good deal of censure from left-wing critics for the support which he had occasionally expressed, in newspaper interviews before the war, for the fascist government. The criticism was ill-informed, for Betti was never an active fascist, and there is no sign of political propaganda in any of his plays, poems or short stories.

The final years of Betti's life were without notable incident. After his retirement from the judiciary, he worked briefly as an archivist in that same *palazzo di giustizia* where he had previously occupied a more exalted position, which possibly explains why, in his late plays, there are occasional allusions to legal archives, which one of his characters (in *Corruzione al palazzo di giustizia*, 1944–5) describes as a cemetery, to which the archivist's trolley is daily trundling a new consignment of closed files, like a hearse conveying the bodies of the dead. In another of his plays (*Acque turbate*, 1948–9), the chief character is a state official who is relegated, as Betti himself had been, to a position of minor importance as the result of a purge following a change of government. In the last few years of his life, Betti acted as adviser on legal matters to the S.I.A.E. (Società Italiana Autori ed Editori), whose office was a few doors away from his own apartment in the Via Valadier in Rome. But by now he was devoting most of his mental energies to the writing of plays and of a stream of *terza pagina* articles for the Italian newspapers.

Writing was, however, a morning occupation, and his afternoons would invariably be spent on the tennis-courts. In his youth, Betti had been an all-round sportsman of considerable ability, having played football for two of the leading clubs in Italy, and his passion for sport remained undimmed until the onset of the illness which was to culminate in his death. He had taken up tennis for the first time in 1937. He was self-taught, and his style was unorthodox, but he practised with such regularity and determination that even in his sixtieth year he was included by the Italian Lawn Tennis Association in its official list of players in the *terza categoria*, a ranking which many a younger player would regard with envy.

By the time Ugo Betti died from cancer at the comparatively early age of sixty-one on 9 June 1953, the sum total of his published writings included three volumes of poems in addition to the Catullus translation, three volumes of short stories, a novel, various essays and articles, and twenty-one full-length plays. An additional group of poems (*Ultime liriche*) and four further plays (*Favola di Natale, Acque turbate, L'aiuola bruciata* and *La fuggitiva*) were published posthumously. His output was therefore prolific if nothing else, and the sheer volume of his literary work is all the more remarkable for one who had spent so considerable a part of his life in the administration of the law.

But what of the quality of his work? His poetry has been overshadowed by that of other writers such as Quasimodo, Ungaretti, Montale and Saba, and his reputation as a poet was not helped by the distinctly unfavourable judgment of Giuseppe De Robertis, who in his authoritative volume of essays, *Scrittori del Novecento*, questioned Betti's sincerity and drew attention to the artificiality of his poetic diction and the infuriating facility of many of his poems. There are however notable precedents for a more charitable assessment of Betti's versifying ability, in particular Eurialo De Michelis and Arnaldo Bocelli, who described Betti's *Peccato originale* as one of the most perfect specimens of contemporary Italian verse. We should add that the essay of De Robertis belongs to 1937, and it is above all in the *Ultime liriche*, written between that date and the poet's death in 1953, that Betti's talents as a lyric poet are seen to their best advantage, possibly because of the easily discernible and wholly beneficial influence, in these later poems, of the greatest Italian poet of the post-Renaissance period, Giacomo Leopardi, who like Betti was a native of the Marches.

Betti's narrative writings are interesting principally for the confirmation they provide of the *Weltanschauung* which characterizes his infinitely more important work as a dramatist. The short story has a long and noble tradition in Italy, and many Italian writers are attracted instinctively towards it as a literary form. Betti's *novelle* tend on the whole to be sketches rather than stories, and they seem to add little which is original to the Italian narrative tradition, either from the point of view of style or from that of content. Here and there we may pick out a piece that is brilliantly written, such as *Una giornata* from the volume entitled *Le case* (this incidentally is by far the most interesting of the three volumes), but these are momentary flashes of inspired writing which cannot truthfully be considered representative of his narrative work. Betti's *novelle* depart from a preconception which is epitomized in the despairing cry of many of his characters: 'Siamo tutti poveri diavoli'. The characters themselves are drawn largely from the poorer classes, and the squalor and poverty of their miserable existence are powerful contributory factors to the pessimism which colours most of the stories. This is indeed a different brand of pessimism from that of Pirandello, who drew his conclusions from a wider and more comprehensive cross-section of humanity, or even of Verga, whose novels and short stories depict a society in a state of decay at all levels, but it is with the second of these writers that Betti, in his *novelle*, has the greater affinity.

Betti's only novel was *La Piera Alta*, which was published in 1948. He had originally intended it as a film-script, hence its comparative brevity and certain shortcomings of a technical

nature. Here the writer leaves behind the depressing blocks of
urban tenements where most of his *novelle* are set, and fills his
lungs with the wholesome, rarefied air of a mountain valley.
The fable-like mountain scene, its primeval, unsullied purity
glittering forth brightly from vast fields of untrodden snow, is
essentially the mature evocation of a period of freedom, happiness and optimism associated with the writer's youth. But this
optimism is sometimes ruffled by sombre presentiments of
failure and loneliness. In so far as it is the externalization of
the author's inner consciousness, the novel is autobiographical,
but it is much more than this. Within its essentially lyrical
framework there is a penetrating analysis of many real issues
of universal relevance, such as the nature of happiness and the
operation of human conscience.

But it is of course as a dramatist that Betti has made his
most enduring contribution to the literature of the present
century. The leading Italian dramatic critic of Betti's generation, Silvio D'Amico, was never in any doubt concerning the
high quality of Betti's work for the theatre. But even with the
support of so influential a champion, Betti had to struggle
hard for recognition, and it was only in the post-war years,
after two of his plays had triumphed on the Parisian stage,
that his claims to be Italy's most important living dramatist
were generally acknowledged.

What are the characteristic features of Betti's drama? The
playwright himself is reported as saying that all of his plays
'sought to demonstrate the existence of God'. But this is not
his principal claim upon our attention. In the handful of plays
to which this statement is relevant, the 'demonstration' is not
always very convincing, and in fact Betti is at his most dramatic-
ally effective in emphasizing twentieth-century man's spiritual
and moral dilemma, rather than in his advocacy of possible
solutions. And whilst a religious element is never wholly absent
from any of his drama, this does not take on a specifically
Christian quality until his later plays, of which at least one
(*Delitto all'isola delle capre*, 1946) has a bleakly pessimistic
ending.

Parallel and very closely related to the religious aspect of Betti's drama is the great theme of Justice. This indeed is the vibrant, recurrent theme of the whole of Betti's work for the theatre. Human justice, with all its inherent fallibility, is seen as a necessary element of the social order, but it remains nevertheless the merest shadow of that higher, perfect justice for which humanity has an insatiable longing. It has been said that all of Betti's characters are exiles, condemned by the fall of man to separation from a state of happiness and innocence which they had once experienced, and to which they have an instinctive desire to return. But as Betti shows in *Frana allo Scalo Nord* and *L'aiuola bruciata*, the most to which they are able to aspire is a reciprocal feeling of tolerance and compassion.

Ugo Betti's earliest foray into the terrain of the drama was made in 1926, when his play *La padrona* was awarded first prize in a competition organized by the Roman periodical *La scimmia e lo specchio*. When the play appeared in print for the first time, in 1929, it was prefaced by a short essay in which Betti set forth a series of basic impressions about life from his own point of view as a practising poet. The preface to *La padrona* offers a succinct summary of many of the problems with which Betti will be concerned in his future work. It is indeed a measure of the strength and consistency of his artistic purpose that the preface to *La padrona* could also serve as an introduction to his drama as a whole, up to and including his last play, *La fuggitiva* (1952-3). Let us therefore consider some of its implications.

In plain terms, the chief implications are these: that Betti is fully conscious, like Pirandello and unlike D'Annunzio, of the clear distinction that exists between life and art; that he is acutely aware of the contrast between man's innate longing for harmony and justice on the one hand and his inalterable egoism on the other; and that he is strongly attracted towards the belief that there is a divinity which shapes our ends, even though a dispassionate scrutiny of human motive frequently suggests a different conclusion.

A study of Betti's doctorate thesis makes it plain that during

B

his formative years he was strongly influenced by D'Annunzio and the Futurist movement. The occasional showy rhetoric and deliberate sensual imagery of some of his earliest poems imply that D'Annunzio was also one of Betti's models in *Il Re pensieroso* (1922), where the evidence of the poems themselves contradicts the title's suggestion of a poetry running counter to D'Annunzio's repeated assertion that art is the domain of the senses and not of the intellect. But by 1929, his allegiance to D'Annunzio is clearly on the wane, for in the first paragraph of the preface to *La padrona* we find him denouncing the type of writing with which D'Annunzio's name is traditionally associated. He confesses that he himself was once attracted by this affectedly elegant style ('questi brividi fermati come farfalle ad uno spillo d'oro, tutte queste fosforescenze *che pure qualche volta m'hanno sorpreso*'), but he has now come to realize that the principal concern of such writers was the vaunting of their own cleverness and their own exquisite sensibilities. In Betti's view what is really important is 'all the rest', an expression which he defines as follows:

la nostra fatica, il nostro amore, e la gioia, che talvolta sentiamo allargarsi dentro di noi come una sorsata calda, e soprattutto il dolore, cosí reale, anche quello che non deriva da una ferita fisica, che qualche volta m'è parso proprio di poterlo premere con la mano qui dentro; e poi gli istinti, i bisogni, e tutte le condanne che portiamo sopra le spalle, e questa implacabile ombra del tempo, che sale lentamente sopra noi, e il nostro lavoro, e il nostro pane, e la morte, della quale bisogna pure ricordarsi: perché vogliamo pensare anche alle cose che ci sgomentano, senza di che ci sentiremmo indegni di questa grave corona sul nostro capo, che è la coscienza.

When one reads this passage in conjunction with the plays, one discerns a remarkably close relationship between Betti's 'catalogue' of important matters and the subjects with which he was concerned as a dramatist. It is to the plays that one goes for confirmation of his argument that the substance of a work of art is more important than its form. And it is in his affirmation of this principle that Betti is seen to be parting

company with D'Annunzio and following the lead of Pirandello.

The second general principle to emerge from the preface to
La padrona – that man is rent in twain by the conflict between
his innate egoism and his desire for harmony and justice –
assumes fundamental importance in Betti's drama. Parsc, the
judge in *Frana allo Scalo Nord*, is but one of a great number
of Betti's characters who experience this conflict in a painful
and very real sense. It is synthesized by Betti in the statement
that

siamo tutti povere creature inquiete, e vorremmo almeno capirlo,
a che cosa serve questa enorme, bizzarra incongruità fra quello
che è la nostra esistenza e quello che essa dovrebbe essere secondo
l'animo che ci fu dato; a che cosa serve questa meravigliosa
tranquilla iniquità che è la vita.

Descending from the general to the particular, the contrast is
between

quest'ansia appunto che è in noi soli verso qualcosa che si può
chiamare armonia, che si può chiamare giustizia; e questo
senso oscuro, che è in noi soli, d'essere invece premuti da
una condanna ingiusta.

Clearly, the second element here is closely related to what
theologians would refer to as the concept of original sin,
although Betti himself never in fact uses this terminology, and
a Jesuit critic has asserted that the orthodox concept of original
sin is not to be found anywhere in Betti's writings. Nevertheless, as Fabbri and many others have pointed out, the symbol-
ism of Betti's plays is in general directed towards emphasizing
man's loss of Eden. It is unfortunate that in the preface to *La
padrona* there is at this point a certain contamination of this
idea with another one to which Betti had subscribed warmly
in his doctorate thesis: namely that there is a permanent division in the human race between the sons of Abel and the sons
of Cain. The *condanna ingiusta*, Betti writes, is something

che sta non tanto fuori quanto dentro ad ognuno, che fa nascere
con terrificante ed uguale naturalezza, in qualcuno di noi la

gioia e il bene, in qualche altro il dolore ed il male, che fa gli uni
come corde armoniose d'una vasta arpa, gli altri striduli ed amari
in eterno.

This undoubtedly is the weakest section of the preface. The
shallowness of the notion is exaggerated by the pretentious
language Betti uses to express it, and there is clearly an incompatibility between this notion and the main principle,
expressed in the sentence beginning 'Siamo tutti povere creature
inquiete'. Obviously, we cannot all be poor restless creatures
whilst we are at the same time divided into the mutually exclusive groups of the harmonious and the discordant.

All this would be of minor importance were it not for the
fact that this particular incompatibility is to be found elsewhere in Betti's literary work. As we can see from the endings
of the two plays contained in the present volume, Betti was at
heart a humanist and a liberal. But the unfortunate literary and
philosophical influences to which he had been exposed as an
undergraduate, during his most impressionable years, left a
permanent scar within him. Thus it is that we find, in his plays
and short stories, on the one hand a pessimistic appraisal of
human motive bordering at times on misanthropy, and on the
other an immense compassion and a firm belief in the innate
dignity of man. This dichotomy runs through the whole of
Betti's literary work and it derives, as we have indicated, from
that excessive enthusiasm for decadent ideas which was
generated within him as a young student. We are still too
close to Betti's own period to judge dispassionately the effect
which this dichotomy has upon Betti's stature as a writer, and
we would do well to content ourselves, for the time being, with
pointing out its existence.

Finally, we come to the concluding section of Betti's preface,
where the writer is seen to be willing himself towards a belief
in divine providence. After a passage in which he refers to the
curious perverseness of man, he uses the phrase 'ognuno quasi
ubbidendo a uno strano comando', and in opposition to Freud
and his disciples he asserts that the true inner motive for a
wide range of human behaviour defies logical explanation, its

twisting roots being eventually engulfed in shadow. A few lines later, there follows the observation that 'Il meccanismo che ci muove sembra far parte di un ingranaggio che continua, del quale trasentiamo le vibrazioni profonde.' The statement is somewhat cryptical, but it represents a reversal of the position which Betti had taken in his doctorate thesis, where there is not the slightest glimmer of a belief in the immortality of the soul. The debate between cynicism and faith (never satisfactorily resolved, not even in his last plays with their more positive assertions about man's transcendental destiny) is one which occupies a prominent position in Betti's drama.

As will be seen from this analysis of the preface to *La padrona*, Betti's emphasis on substance rather than form is characteristic of his approach, not only to literature, but also to life itself. The surface manifestations of human behaviour are of secondary interest to him, being merely the starting point for his investigation of the human predicament, and it is for this reason that in the majority of his plays there is a deliberate unconcern for a coherently realistic style of presentation. Betti was once asked whether his experiences as a high-court judge did not offer him a ready-made source of material for his plays, and he replied that no incident from his *novelle* or from his plays was based on any actual case, because it was his conviction that 'the facts of life are basically uninteresting'. By this equivocal answer, Betti meant that the photographic reproduction of real life was not the concern of the true artist, because the picture presented was bound to be incomplete. The pursuit of reality, for Betti, was more important than the pursuit of realism, and the two plays in this volume are characteristic of his work for the theatre in so far as they confirm that Betti's is a drama of reality, as distinct from realistic drama. They contain credible, fully-formed characters, and they each deal in an exciting way with matters of wide and immediate interest, but their settings are deliberately vague, the first play includes a generous helping of the supernatural, and Betti's main purpose in each case is seen to be that of revealing the secret layers of meaning which lie beneath the surface of the action. The process is not photographic, but analytical. The dramatist's attention is directed towards the exploration of states of mind, and he uses concrete, physical happenings, not as ends in themselves, but as a means of underlining his conception of man's position within the contemporary world. Just as the landslide, in the first play, preannounces and bodies forth the agonizing reappraisal to which Judge Parsc is compelled to subject his formerly self-satisfied and apathetic nature, so in the second play the boy's death on a flowerbed epitomizes the tragic consequences of allowing human relationships to be brushed aside in the pursuit of a nebulous and finally meaningless political ideal.

Frana allo Scalo Nord (1932) is the culminating achievement of the first phase of Betti's career as a dramatist, and despite certain technical limitations it is still considered by many critics to be his masterpiece. *L'aiuola bruciata* (1951–2) offers a fascinating commentary upon the divided condition of the modern world, a play which in its appeal for sanity and tolerance in the conduct of political affairs has foreshadowed those more encouraging developments which in recent years have become noticeable on the international scene. Some indication of the main themes of each of the plays will be found in the notes, but the editor has deliberately refrained from detailed analysis, so as not to inhibit the wide-ranging discussion which these two plays will deservedly arouse.

BIBLIOGRAPHICAL NOTES

Works by Betti

Le nozze di Teti e di Peleo, Camerino, Savini, 1910. Blank verse translation from Catullus.

Considerazioni sulla forza maggiore come limite di responsabilità del vettore ferroviario, Camerino, Tonnarelli, 1920.

Teatro completo, Bologna, Cappelli, 1957. This volume contains all of Betti's twenty-five plays. Some of the plays have also been published by Cappelli singly in separate volumes.

Poesie, Bologna, Cappelli, 1957. Contains all the poems previously published in *Il Re pensieroso* (1922), *Canzonette: La morte* (1932), and *Uomo e donna* (1937), together with the poems (*Ultime liriche*) which he wrote from time to time between 1937 and the year of his death (1953). His best poems are unquestionably the *Ultime liriche*.

Caino, Milan, Corbaccio, 1928. Short stories.

Le case, Milan, Mondadori, 1933. Short stories.

Una strana serata, Milan, Garzanti, 1948. Short stories.

Raccolta di novelle, Bologna, Cappelli, 1963. Some of the stories in this anthology were not published in the foregoing three volumes.

La Piera Alta, Milan, Garzanti, 1948. Betti's only novel.

Religione e teatro, Brescia, Morcelliana, 1957. Betti's most important critical essay, published in this volume together with an interesting commentary on the 29th canto of Dante's *Paradiso*.

Scritti inediti (a cura di A. Di Pietro), Bari, Edizioni del «Centro Librario» 1964. Contains Betti's doctorate thesis, *Il diritto e la rivoluzione*.

Criticism in Italian

The following list includes all books on Betti, and a selection of the more valuable articles:

ALESSIO, A., *Ugo Betti*, Genoa, Di Stefano, 1963. The most recent book on Betti. Mainly interesting for the long second chapter in which A. gives a clear exposition of Betti's major themes and provides a rich collection of corroborative extracts drawn from the plays, poems and narrative writings.

APOLLONIO, M., 'Ricordo di Ugo Betti e linee di una possibile ricognizione', *Drammaturgia*, Brescia, Summer 1954. Important essay in which A. offers a series of suggestions for the systematic study of Betti's drama.

— 'Commedie postume di Betti', *Drammaturgia*, Brescia, August 1956. Mainly devoted to a penetrating review of *Acque turbate*, which A. regards as a masterpiece.

BARBETTI, E., *Il teatro di Ugo Betti*, Florence, La Nuova Italia, 1943. Though covering less than a half of Betti's plays, and suffering from an excess of critical verbiage, this remains the deepest analysis yet attempted of Betti's work for the theatre.

BOCELLI, A., Review of *Canzonette: La morte* in *Nuova Antologia*, Rome, 16/7/32. An interesting essay on Betti's earlier work.

CALENDOLI, G., 'Giustizia contro pietà nell'opera di Ugo Betti', *Teatro-Scenario*, Rome, 1953, n. 10. One of the more intelligent articles to appear in the period immediately following Betti's death in 1953.

COLOGNI, F., *La fortuna del teatro di Ugo Betti*, Brescia, Morcelliana, 1959. The most extensive bibliography on Betti so far assembled. Although C.'s work is necessarily incomplete, and although there is an infuriating number of errors, it is a mine of information and an essential tool for further study.

— *Ugo Betti*, Bologna, Cappelli, 1960. Apparently an off-shoot of the same author's bibliography, this is essentially a compendium of the opinions of Betti's critics on each of his plays. The choice of extracts is thoroughly uncritical, and there is a depressing amount of purely gratuitous information, such as cast-lists for first performances and vacuous comments by press reviewers.

CURATO, B., *Sessant'anni di teatro in Italia*, Milan, Denti, 1947, pp. 317–53. A searching, enlightened analysis of Betti's plays up to and including *Il vento notturno* (1941). Betti is seen as a major poet-dramatist, rising majestically above the mediocrity of his contemporaries.

DE MICHELIS, E., *La poesia di Ugo Betti*, Florence, La Nuova Italia, 1937. The most penetrating analysis so far available of Betti's poetry. De M. exaggerates Betti's poetic stature, describing him as the greatest Italian poet of the post-D'Annunzian period.

FABBRI, D., 'La drammatica di Ugo Betti', *Rivista Italiana del Dramma*, Rome, 1940, n. 2. Illuminating essay by a younger fellow-dramatist who is also a perceptive critic.

— 'La drammatica di Ugo Betti', *La Fiera Letteraria*, Rome, 24/12/50. Deals with plays which appeared subsequent to earlier article.

FIOCCO, A., *Ugo Betti*, Rome, De Luca, 1954. A slim volume containing a disappointingly incomplete and unmethodical analysis of Betti's plays.

MOMIGLIANO, A., 'La poesia di Ugo Betti' in *Pegaso*, Florence, October 1932, pp. 476–82. Review of Betti's poetry by the distinguished literary critic, who considers Betti to be the most original Italian poet after Gozzano.

MONDRONE, D., 'Amarezza e approdi cristiani di Ugo Betti', *Civiltà cattolica*, Rome, 4/7/53. Important essay by the leading Jesuit literary critic, containing an appraisal of Betti's orthodoxy.

PELLECCHIA, G., *Saggio sul teatro di Ugo Betti*, Naples, Istituto Editoriale del Mezzogiorno, 1963. A woolly review of Betti's main themes, with heavy emphasis on Religious Significance.

TECCHI, B., *Baracca 15C*, Milan, Bompiani, 1961. Reminiscences of life in a German prison-camp during the First World War, including a description of Ugo Betti, who was a fellow-prisoner.

Criticism in English

Articles on Betti in English include the following:

McWILLIAM, G. H., 'Interpreting Betti', *Tulane Drama Review*, New Orleans, Winter 1960, pp. 15–23.

MAY, F., 'Drama of Reality', *Drama*, n. 35, London, Winter 1954, pp. 21–6.

RIZZO, G., 'Regression-Progression in Ugo Betti's Drama', *Tulane Drama Review*, New Orleans, September 1963, pp. 101–29.

SCOTT, J. A., 'The Message of Ugo Betti', *Italica*, XXXVII, n. 1, Chicago, March 1960, pp. 44–57.

English Translations of Betti's Plays

Three Plays. Translated, and with a Foreword, by Henry Reed. (London, Gollancz, 1956.) The plays are *La regina e gli insorti*, *L'aiuola bruciata*, and *Il paese delle vacanze*.

Crime on Goat Island. Translated by Henry Reed, with an introduction by G. H. McWilliam. (San Francisco, Chandler Publishing Company, 1961.) Title of original play: *Delitto all'isola delle capre*.

Three Plays on Justice. Translated, with an Introductory Essay, by G. H. McWilliam. (San Francisco, Chandler Publishing Company, 1964.) The plays are *Frana allo Scalo Nord*, *Lotta fino all'alba*, and *La fuggitiva*.

Addendum, 1978

DI PIETRO, A., *L'opera di Ugo Betti*, Edizioni del "Centro Libraio", 2 vols., 1966/8. A systematic analysis of Betti's literary output from the poems of his childhood to his final essay on religion and the theatre. Apart from the published writings, a large quantity of material—letters, notes, jottings, poems etc.—from Betti's private papers is placed under close and illuminating scrutiny.

FRANA ALLO SCALO NORD

Dramma in tre atti
(1932)

PERSONAGGI

IL CONSIGLIERE[1] PARSC
IL PRIMO CONSIGLIERE JUD
L'ACCUSATORE GENERALE GOETZ
IL CANCELLIERE HOLAND
RICCARDO GAUCKER, imprenditore
ANNA, sua moglie
BERT ANSELMO, motorista
GIUSEPPETTI MANRICO, manovale
MOSCA BEATRICE
BURKE GIOVANNA
AIELLO CARMELO
NASCA ROSA
UN SIGNORE MIOPE
GUSTAVO KURZ
MENJURA
UN IMPIEGATO
LA RAGAZZA DEL BAR
LUCREZIO, usciere

Inoltre pubblico, curiosi, ecc.

L'azione si svolge in una città straniera,[2] *fra gente del luogo e emigrati di vari paesi.*
Ai nostri giorni.

ATTO PRIMO

Stanza d'ufficio, con tavoli, panche, ecc. Nel Palazzo di Giustizia[1] della città, ufficio istruttorie.[2]

SCENA PRIMA

IL CONSIGLIERE PARSC (*cercando tumultuosamente tra i fascicoli polverosi che gli ingombrano il tavolo*) Dove diavolo... Questo maledetto processo... (*Nasconde in fretta una tazzina sporca venutagli fra le mani; cerca di mettere un po' d'ordine; facendo l'atto di scuotersi dalle mani e dal vestito la polvere, esasperato*) Ecco qua, polvere! Polvere.

IL CANCELLIERE HOLAND (*entrando in furia*)[3] Vengono. (*Corre a sedersi aprendo un fascicolo qualunque*)

PARSC (*ripetendo il gesto di pulirsi dalla polvere, gesto che gli ritorna spesso, come per un tic nervoso, muove verso l'uscio già atteggiato a rispettosa estasi*)[4]

Entrano l'Accusatore Goetz, ancora in pelliccia e col cappello in mano; dietro di lui, parlando rumorosamente e cerimoniosamente il Primo Consigliere Jud.

JUD (*seguitando*) Magnifico! Non lo immaginavano certo, quei signori, che voi... eravate voi![5] Che gente! (*Ride esageratamente, come se si trattasse di una cosa molto comica; ricomponendosi, presentando*) Il consigliere Parsc.

PARSC (*si inchina profondamente*)

JUD. Un elemento... eh, che meriterebbe.[6] Caro Parsc, caro Parsc, eccoci al punto! Diremo: al gran momento. (*Ride esageratamente; ricomponendosi, a Goetz*) La promozione, signor Accusatore Generale. Sembra che il nostro Parsc sia lí lí,[7] questa volta; prossimo. Buoni auspici?

PARSC (*contorcendosi, con dei sorrisi modesti*) Eh! Eh! Se questa volta... vorranno favorirmi...

3

JUD (*precipitandosi verso Goetz, che sta togliendosi la pelliccia*) Date, date...

PARSC (*precipitandosi a sua volta*) Lasciate...

JUD (*adoperandosi molto*) Permettete.

PARSC (*facendo del suo meglio*) Ecco.

IL CANCELLIERE (*riceve dalle mani dei due consiglieri la pelliccia e il cappello del signor Goetz ed esce solennemente coi detti oggetti*)

JUD (*non trovando argomento tira a sé il fiato, si frega le mani*) Freddino, ancora.

PARSC (*desolato*) È la stufa. Non tira. È stato fatto presente.[8]

JUD. Sicuro (*ridendo senza motivo, molto divertito*). Caro Parsc! Caro Parsc! (*Si ricompone, non sa come fare per accomiatarsi*) Sicuro. (*D'un tratto*) Permettete? Avrei... qualche cosetta da fare. (*Esce con un inchino*)

SCENA SECONDA[1]

PARSC (*indicando una seggiola davanti a un tavolo*) Prego.

GOETZ (*siede*)

PARSC (*rugiadoso*) Già. Forse voi avreste, in alto, sentito qualche cosa...

GOETZ. Di che?

PARSC. Di questa... già, promozione.

GOETZ. Parsc? Non ricordo.

PARSC (*deluso, deferente*) Eh. Già. Certo. (*Sedendo e cercando sul tavolo, preoccupato*) Dove diavolo... Holand! (*Riprendendosi, a Goetz, con un sorriso melato*) Ogni tanto spariscono, queste benedette cartacce. Ce n'è una quantità.

IL CANCELLIERE (*s'è alzato,[2] porgendo solennemente un fascicolo all'Accusatore, un altro al Consigliere*)

GOETZ (*dando un'occhiata*) Il fatto è grave?

PARSC. Dite... il fatto? Ah! Sí. Forse. Abbastanza. Per conto mio trovo che ne fanno un chiasso esagerato. Va bene: due o tre persone morte, altre due o tre impazzite, diciamo in stato di smarrimento: va bene. Però cose semplici, in fondo; nessuna questione... difficile...

GOETZ. Cosa lunga?

PARSC. Speriamo di no. Non vorrei ritornare, nel pomeriggio: abito molto lontano. L'istruttoria[3] non è troppo avanzata. Però tutto è già chiaro. (*Tentando di far vedere la cosa con dei gesti*) Si faceva uno scavo. Lavori ferroviari... Invece, tac,[4] una bella notte... (*Chiamando*) Lucrezio! (*Continuando*) Si tenterà, magari,[5] (*abbassando la voce*) di uscire dal seminato,[6] di tirare in ballo... qualcuno, si dice il signor Kurz. Ma con me! Ci vuol altro.[7] (*Sospirando*) Quindici anni di grado,[8] signor Accusatore! Lucrezio! Dove diavolo... (*A Goetz, con un sorriso*) Con questi uscieri... si finirebbe quasi... per perdere la pazienza. Holand, bè,[9] andiamo.

IL CANCELLIERE (*chiamando*) Giuseppetti Manrico.

Si apre una porta, nel fondo, lasciando vedere per un attimo della gente assiepata; s'avanza un uomo vestito da operaio.

SCENA TERZA

GIUSEPPETTI (*si ferma imbarazzato, ripete il proprio nome*) Giuseppetti Manrico, di Antonio.[1]

PARSC (*a Goetz*) Pare che sia un responsabile. (*A Giuseppetti, indifferente, professionale*) Voi. (*Pausa*) Confermate il primo interrogatorio?[2]

GIUSEPPETTI (*dopo aver inghiottito*) Eccellenza,[3] confermo che non ho fatto nulla.

PARSC. Perbacco.

GIUSEPPETTI (*quasi ripetendo a memoria*) La notte del nove febbraio, il giorno dopo essendo domenica, io Giuseppetti Manrico, manovale, circa le ore due e quindici minuti dopo la mezzanotte, mi sono trovato nei lavori della ditta Gaucker Riccardo.[4]

PARSC. Ma voi...

GIUSEPPETTI. Sissignore. Nel mentre il sottoscritto si trovava intento al lavoro, causa la terra piovosa il badile si ruppe. Stante la luce fioca...[5]

PARSC (*vincendosi e voltandosi a Goetz, con un sorriso*) Crede che la giustizia abbia del tempo da perdere.

GIUSEPPETTI. Stante la luce fioca...

GOETZ (*cortesemente, a Parsc*) Vorrei sapere: che cosa stava ammucchiando, con questo badile?

PARSC. Sicuro. Non è chiaro.

GIUSEPPETTI. Terra, Eccellenza. Sopra un camion lí, fermo.

PARSC. Di notte?

GIUSEPPETTI (*intimidito*) Io lavoravo... con la notturna, la squadra notturna.[6]

PARSC (*a Goetz*) Con la notturna.

GIUSEPPETTI. Sissignore, Eccellenza. Nel detto tempo, che io guardavo il badile, è successa la cosa.

PARSC. Bene. Firmate là.

GOETZ. Desidererei qualche particolare.

PARSC (*di malumore*) Qualche particolare, vi volete decidere?[7]

GIUSEPPETTI. Io non ho visto, Eccellenza, non posso mica[8] aver colpa.

PARSC (*scaldandosi a freddo*)[9] Non fate il furbo. È successa la cosa! Spiegate, andiamo.

GIUSEPPETTI (*piagnucolando*) C'era una sola lampadina, Eccellenza; piovigginava. Ho sentito correre uno, qui: a destra.

PARSC (*che vuol mostrarsi diligente*) Chi era?

GIUSEPPETTI. Non saprei.

PARSC. E allora?

GIUSEPPETTI. Mi sono messo a correre anch'io.

PARSC. Perché?

GIUSEPPETTI. Cosí.

PARSC. Che cosa avete pensato?

GIUSEPPETTI. Nulla, ho avuto molta paura.

PARSC. E poi?

GIUSEPPETTI. Mi sono trovato... come nel mezzo d'un'onda.

PARSC. Onda? Che onda?

GOETZ (*sempre cortese e come pensieroso*) Vuol dire in mezzo alla terra. La frana.

GIUSEPPETTI. Terra, Eccellenza. La frana.

PARSC. Siete andato giú?

GIUSEPPETTI. Sí. Cioè no.

PARSC. Sí o no?

GIUSEPPETTI (*timidamente*) Già c'eravamo, noi, giú. La terra, è stata, che è venuta giú.

PARSC (*a Goetz*) Vedete, come fanno? Tentano di confondere.

GIUSEPPETTI (*piagnucolando*) M'ero fatto male, qui e qui.

PARSC. E poi?

GIUSEPPETTI. Sono andato a casa.

GOETZ. Siete fuggito.

GIUSEPPETTI. A curarmi, Eccellenza. Non comprendevo più nulla.

PARSC. Per piú di un mese siete stato nascosto.

GIUSEPPETTI. Perché avevo paura, dànno sempre la colpa ai poveretti...

PARSC (*con sdegno esagerato*) I poveretti! Impudente! Avete causato un disastro! Non si sa quante vittime!

GIUSEPPETTI (*piagnucoloso*) Io ero manovale, Eccellenza! Non ero sorvegliante! Manovale, lo giuro, lí, col badile!

PARSC. Venga Bert! Bert Anselmo. Questo scellerato d'usciere... Lucrezio!

IL CANCELLIERE (*chiamando*) Bert Anselmo.

GIUSEPPETTI (*sfiduciato*) Io ero manovale...

IL CANCELLIERE (*severo*) Sedete là.

GIUSEPPETTI (*va a sedere su una panca*)

PARSC (*a Goetz, zelante*) Come vi pare? Energia! Se non si va un po' alla spiccia, sono guai, credete pure.[10]

GOETZ (*evasivo*) Sono istruttorie difficili. Non si vede netta la linea, il confine.

PARSC (*deferente, senza capire*) Già. Già. Proprio cosí. (*Con zelo*) Una vera catastrofe! Dei morti! Degli infelici ancora peggio che morti! Dementi! (*Cercando le parole*) E sul lavoro, poi. Sicché la società... voglio dire il progresso...

Nel frattempo è entrato un altro uomo, vestito da operaio.

SCENA QUARTA

L'OPERAIO. Sono Bert.

PARSC. Piacere.[1]

c

BERT. Il motorista.

PARSC. Avanti. Cosa aspettate, il cavaturaccioli?

BERT. Sono innocente.

PARSC. E come no. (*A Goetz*) Il maggiore indiziato.

BERT. Quella notte, d'un tratto, mi sono svegliato.

GOETZ. Dormivate?

PARSC. È evidente, dormivate!

BERT. Eccellenza: io potevo, buttarmi giú un momento! Io ero motorista, siccome[2] c'erano quattro pompe, una guasta. Facevo il doppio orario, bisogna sapere questo; anche di giorno. Perché ho molta famiglia. Quando l'acqua arrivava a quel dato livello, dovevano chiamarmi.

PARSC. Chi?

BERT (*indicando Giuseppetti*) Loro.

GIUSEPPETTI (*alzandosi*) Non è vero!

PARSC. Silenzio! (*A Bert*) Loro, chi?

BERT. Il sorvegliante. Io non lo so.

GIUSEPPETTI. Io ero manovale!

PARSC. Silenzio!

BERT. Sissignore, dovevano chiamarmi.

GOETZ. Invece dite che vi siete svegliato da solo?

BERT. Mi sentivo qualche cosa.

PARSC. Che avete fatto?

BERT. Ho fatto due o tre passi fuori dalla baracca.

GOETZ. Vi siete trovato coi piedi nell'acqua.

BERT. Niente.

PARSC. Sta scritto qui.[3]

BERT. Intendevo dire che c'era melma, pantano.

PARSC. Avanti.

BERT. Ho sentito un pezzetto di terra cadere nell'acqua.

PARSC. Un rumore forte?

BERT. Una rana che si butta nel fosso.

PARSC. Che cosa avete pensato?

BERT. Niente, mi sono messo a correre.

GOETZ. Non avete pensato a una frana? Non avete gridato?

BERT. Non lo so, se ho gridato; avevo molta paura. Del resto non era nulla, signore, un piccolo pezzo di terra.

PARSC. Poi?

BERT. Ho sentito d'un tratto... come una spinta, da dietro: un soffio, una ventata che m'ha portato avanti. Il rumore è stato dopo. Come un tuono.

PARSC. E voi?

BERT. Ho seguitato a correre. Si era spento tutto.[4] Piangevo...

PARSC (*a Goetz, un po' agro*) Occorre altro?

GOETZ (*fa cenno di no*)

BERT (*in fretta*) Eccellenza, la colpa non è mica stata dell'acqua!

PARSC. Finitela! Gaucker Riccardo. Ma dov'è andato l'usciere?

IL CANCELLIERE. Gaucker Riccardo.

BERT. È stata la scarpata! Non c'era la pendenza![5]

PARSC. Via, ho detto!

BERT. Lo sanno tutti... è stata la scarpata...

PARSC. Via! Via! Impudente! Assassino! Dormiva! Due uomini, avete fatto morire!

GOETZ (*guardando le carte*) Sono tre, mi pare?

PARSC. Tre, tre. Mi sbaglio sempre. Tre; senza contare gli altri, i piú infelici. Disseppelliti dopo 36 ore, tutt'una matassa coi morti!

GOETZ. Pazzi?

PARSC. Choc nervoso; fissati. Credono d'essere morti loro pure.

GOETZ. Credono... Morti?

PARSC. Sí, tutti e tre. Contagio psichico, un caso interessante.

Intanto è entrato un uomo massiccio, di una certa età: Gaucker.

SCENA QUINTA

GAUCKER. Sono Gaucker.[1]

PARSC (*a Goetz*) L'imprenditore. Pare che lui sia fuori.[2] (*A Gaucker, guardando nel fascicolo*) Voi: erano vostri operai Burke Tomaso, Imparato Felici... (*stenta a leggere*) bè, insomma,[3] erano vostri operai?

GOETZ. Ce n'è degli altri.

PARSC (*leggendo*) Già. Anello...

IL CANCELLIERE. Aiello.

PARSC. Questo Aiello lo[4] dimentico sempre. (*A Gaucker*) Erano vostri operai?

GAUCKER (*con un sorriso*) C'è in piú la donna. La donna, Eccellenza!

IL CANCELLIERE (*suggerendo*) Nasca Orsola.

PARSC (*stizzito*) Sí. (*A Goetz, spiegando*) S'è ritrovata sepolta anche questa, con gli altri. Holand?

IL CANCELLIERE (*leggendo*) Nasca Orsola. Oggetti repertati: 75 centesimi[5] e il libretto[6] col nome in una tasca.

PARSC (*a Goetz*) È il punto oscuro, diremo. Crede anche lei d'essere morta là sotto. Non s'è potuto saper nulla, chi fosse, che cosa facesse laggiú.

GAUCKER. Si divertivano, Eccellenza.

BERT. Posso parlare?

PARSC. Basta.

GAUCKER. Sono imprenditore da trent'anni, Eccellenza. I piú importanti lavori. Eccomi qua. Per fortuna le cose sono chiare.

PARSC. Bè, dite!

Comincia a far capolino dalla porta del fondo un signore miope, forse un testimonio, che finalmente s'insinua dentro e siede.

GAUCKER. Posso dire che il taglio del terreno, lo scavo, le armature, tutto era in piena regola.[7]

BERT (*brontolando*) Le armature non c'erano!

GAUCKER (*senza voltarsi, alzando un po' la voce*) Tutto approvato dalla Sottocommissione. Chiamateli.

BERT (*brontolando*) Si sono messi d'accordo.[8]

GAUCKER. Chiedo che si sentano i tecnici della Ferroviaria.[9] Il signor Kurz.

PARSC (*dando un'occhiata a Goetz*) L'Elettro-ferroviaria[9] non c'entra.

GAUCKER. Non c'entra?

PARSC. No.

GAUCKER. Lo sapevo. Bè, non importa.

GOETZ. Voi stesso del resto avete attribuito la frana...
GAUCKER. A incuria e a malvolere degli operai. Sissignore.
PARSC. Atti di sabotaggio?
GAUCKER. Ne sono convinto.
PARSC. Avete qualche prova?
GAUCKER. No. Gli operai erano gente raccogliticcia, immigrati. Generalmente fannulloni, canaglia. Si verificavano furti, in quantità incredibile.
PARSC. Di che genere?
GAUCKER. Tutto, specie di notte. Rotoli di filo, cemento, arnesi, lampadine persino, ma specialmente legname. Le armature le avevano spogliate, ridotte a nulla.
BERT (*brontolando*) Non c'erano, le armature!
PARSC. Ma insomma!
GOETZ. Si lavorava di notte. Eravate in ritardo?
GAUCKER. Nossignore.
GOETZ. Risulta.
GAUCKER. Pochi giorni, sciocchezze. Avevamo trovato un terreno marcio, infiltrato.

Altre persone, intanto, cominciano a insinuarsi nella stanza, sedendo sulle panche del fondo.

PARSC. Avevate dato degli ordini?
GAUCKER. Guardare, stare attenti.
PARSC. Attenti a che?
GAUCKER. Soprattutto all'acqua, ai pozzetti.
GOETZ. Il motorista poteva buttarsi giù a dormire?
GAUCKER. Nossignore.
BERT. Posso parlare?
PARSC. No.
GOETZ. Voi stesso, dice lui, gli avreste dato il permesso.[10]
GAUCKER. Eccellenza, gli davo il soprassoldo per lasciarlo dormire?
UNA DONNA (*tra il pubblico, con un piccino in braccio*) Domandategli un po', a quello lí, quanto era il soprassoldo.
PARSC. Cos'è? Cos'è?
GOETZ. Rispondete.

GAUCKER. Venti centesimi all'ora, anche di piú.

BERT. Uno e sessanta, Eccellenza, per stare tutta una notte inchiodati[11] laggiú, dentro un buco di fango, a morire di freddo!

GAUCKER (*con un sorriso sforzato*) Eccellenza, davamo gli incerati, stivaloni di gomma.

LA DONNA DAL BAMBINO. Sfondati.

GAUCKER. Li rubavano, quelli nuovi!

PARSC. Ma insomma! Che cosa succede?

BERT. Domandategli un po' chi li faceva, i turni di giorno, ai motori.

GOETZ. Rispondete.

GAUCKER. Lui e un altro.

BERT. Sedici ore, Eccellenza, sedici ore, là dentro! Mi obbligava!

GAUCKER. Io? Obbligavo? Venivano a supplicare, insistevano, pel soprassoldo. La disgrazia è successa per colpa loro, Eccellenza. La causa è stata l'acqua: è stato dimostrato. Hanno lasciato di vuotarla.[12]

PARSC. Spiegate.

GAUCKER. L'acqua ha riempito, ha succhiato giú tutto.

.GOETZ. Sicché, la colpa?

GAUCKER. Operai e motorista: erano a divertirsi nella baracca, con la donna, magari.[13]

BERT. Ma io...

GAUCKER. Eccellenza, dimenticavo una cosa.

PARSC. Dite.

GAUCKER. Molti della notturna, quella notte, si erano allontanati. Sono stati visti in un bar[14] lí vicino. Hanno anche litigato. (*Indicando fra le persone entrate*) Può essere sentita la ragazza del bar, su questo.

PARSC (*osservando la gente entrata*) Ma guarda un po'![15] Benissimo! Chi ha fatto entrare questa gente? Lucrezio!

GOETZ (*interrompendolo*) Vorreste chiedere di questo litigio?

PARSC (*interdetto*) Come volete. Voi...

LA RAGAZZA DEL BAR (*che s'è già avanzata*) Sarebbe

stato[16] uno scherzo: non hanno litigato. Io sarei[16] la ragazza, sí, del bar.

PARSC (*nervoso*) Dite.

LA RAGAZZA DEL BAR. Sarebbe stato[16] che uno comprò mezzo etto[17] di biscotti. Era sabato. Gli altri operai, senza farsene accorgere, gli hanno fatto uno scherzo.

PARSC. Avanti.

LA RAGAZZA DEL BAR. Sui biscotti incartati, nella saccoccia, mi spiego?,[18] gli[19] hanno versato un po' di benzina.

PARSC. Benzina?

LA RAGAZZA DEL BAR. Per scherzo, sí.

PARSC. Poi hanno litigato?

LA RAGAZZA DEL BAR. Niente. Dapprima l'uomo, che era un tipo un po' semplice, mi spiego, s'è messo a piangere. Ma poi sono usciti assieme, tutto regolare.

GAUCKER. Bella gente!

GOETZ (*a Parsc*) Volete chiedere se c'era un sorvegliante?

GAUCKER. Sí. Cioè, era ammalato.

PARSC. C'era qualche altro?

GAUCKER. L'operaio Giuseppetti.

GIUSEPPETTI (*cerimonioso*) Posso? Questa cosa non risponde al fatto vero.

GAUCKER. Lo avevo incaricato.

PARSC. Guardatevi un po' in faccia.[20]

GIUSEPPETTI. Eccellenza, dico la verità. Tengo la faccia scoperta.

GAUCKER. Falso! Bugiardo! Non vi vergognate? Un uomo anziano!

LA DONNA DAL BAMBINO. Sei te,[21] bugiardo!

PARSC. Basta! Dove si va a finire? (*A Goetz, un po' inquieto*) C'è qualche cosa, stamane.

UNA VECCHIETTA (*avanzandosi e accingendosi a piangere*) Sí, signore, io sarei la povera madre. Ah, signore, tanto un bravo giovane, mi voleva tanto bene.

PARSC (*sbuffando*) Ma chi è questa?

IL CANCELLIERE. Mosca Beatrice. Parte lesa.[22] Sorda.

LA VECCHIETTA. Sissignore. Dieci.

PARSC. Sapete nulla del fatto?
LA VECCHIETTA. Eh?

Il pubblico comincia a ridere.

IL CANCELLIERE (*gridando*) Del fatto! Sapete nulla?
LA VECCHIETTA. Sissignore. Il ragazzo è uscito di casa il mattino, m'ha dato un bacio, cosí, non è piú tornato.
GAUCKER (*furioso*) Non è piú... È una bugia! Suo figlio è vivo!
LA VECCHIETTA. Vivo? (*Pausa; fa di no con la testa*) Non è piú vivo. Lui è rimasto sotto la terra. (*Pausa*) La colpa è tutta sua, di quell'uomo.
GAUCKER. Mia? Colpa mia? Sta a vedere che adesso... ci mancherebbe questa.[23]
PARSC. Che ne sapete voi?
LA VECCHIETTA (*facendo dieci con le dita*) Sissignore, dieci lire.

Il pubblico ride.

PARSC (*furioso*) Qui non si capisce piú nulla.
LA VECCHIETTA. Dieci lire la settimana! (*Piagnucolando*) Un figlio tanto buono! Savio!
GAUCKER (*a Goetz*) Un ubriacone.
IL CANCELLIERE. Dice che le passava dieci lire la settimana.
PARSC. E che ce ne importa?
LA DONNA DAL BAMBINO (*venendo avanti*) Per il risarcimento, Eccellenza. L'ha detto l'avvocato.
LA VECCHIETTA (*indicando Gaucker*) È stata colpa sua, di quell'uomo.
GAUCKER (*a Goetz*) Eccellenza, mi vogliono coinvolgere. Credono che io sia ricco.
LA DONNA DAL BAMBINO. Sono la vedova Burke.
IL CANCELLIERE (*a Parsc, spiegando*) Altra parte lesa.
PARSC. Quanto alla settimana?
LA DONNA. Anche duecento lire. Era un colosso, Eccellenza.
GAUCKER (*a Goetz*) Condannato per ladro.

PARSC (*dettando*) Duecento. Firmate. Andate.

LA DONNA. Devo dire qualche altra cosa, sul fatto.

PARSC. Cosa volete saperne?[24]

LA DONNA. Ho parlato, con Burke. Prima che morisse.

IL CANCELLIERE (*leggendo*) Estratto vivo; sopravvissuto dieci ore.

PARSC (*alla donna*) Ha parlato?

LA DONNA. Sissignore.

PARSC (*a Goetz*) Se potessimo farci un'idea un po' chiara...

LA DONNA. Fino verso le nove ha ripetuto sempre che, se mai riusciva a drizzarsi dal letto, voleva mangiargli il cuore.[25]

PARSC. A chi?

LA DONNA (*dopo aver cambiato di braccio il bambino*) A quello là. (*Indica Gaucker*)

GAUCKER. Non è vero! Risulta che non ha detto questo![26]

PARSC. E poi?

LA DONNA. Poi ha cominciato a capire che moriva. Io ero incinta, di questo. Spezzato, era, maciullato, in tutta la persona! Diceva: Oh Dio, oh Dio, sono tutto rovinato, Giovanna, mi hanno assassinato.

GAUCKER (*affannoso, indicando Giuseppetti e Bert*) Loro! Diceva di loro!

LA DONNA. Poi ha allargato gli occhi, mi ha preso la mano... Eccomi qua. Tre figli.

GAUCKER. Posso difendermi?

PARSC. No. (*Guarda Goetz*) Siete qua apposta.

GAUCKER. Eccellenza, è tutta una commedia. Burke, questa qua, la conciava a sangue,[27] ogni sabato; gliela levavano di sotto i piedi.

PARSC (*alzando le spalle*) Bè. (*Alla donna*) È vero?

GAUCKER. Questa qua ha detto sempre che, se il marito glielo ammazzavano a coltellate, lei era contenta.

PARSC. È vero?

LA DONNA. Sicuro, che è vero. Sicuro. (*D'un tratto, lacrimosa, gridando*) Ma io... ma io gli volevo bene! M'è morto! M'è morto!

PARSC. Andate. Non è questo il posto.

LA DONNA (*s'avvia; nel passare davanti a Gaucker, si ferma*) Eccellenza, permettete una parola?

PARSC. Dite.

LA DONNA (*calma, indicando Gaucker*) Questo qui è un assassino. Se questo ha una moglie, una figlia, si deve vergognare d'alzare la faccia a guardarle. (*D'un tratto, prorompendo*) È stato lui! Assassino!

VOCI. Sí, è vero!

BERT (*come epilettico*) Sono innocente! Mi vogliono mandare in prigione! È stato lui!

PARSC. Basta! Cos'è?

VOCI. È stato lui!

PARSC. Basta! Basta!

LA DONNA. S'approfittava delle donne in bisogno! Anche le ragazzette!

PARSC. Faccio arrestare tutti! (*Nel silenzio che s'è ristabilito, furioso*) È una cosa inaudita! Lucrezio! Ma dov'è andato questo scellerato d'usciere! Lucrezio!

Si apre la porta, entra in furia un uomo in berretto, leggermente zoppicante, con un involto.

L'USCIERE LUCREZIO. Son qua.

PARSC. Ci penso io per voi.[28]

L'USCIERE. Ma come, scusate: non m'avete mandato voi? Dal macellaio! (*Avanzando con l'involto che porge a Parsc, senza avvedersi dei cenni di costui*) Ve ne ho preso due libbre.[29] Sentirete! Un burro. Ha detto il macellaio... Oh. Scusate. (*S'è avveduto di Goetz, s'interrompe, si ritira confuso*)

Un silenzio. C'è stato fra il pubblico un brusio di risa.

PARSC (*imbarazzato, a Goetz, dopo avere nascosto l'involto fra le carte*) Sapete, vivo solo... Qualche volta approfitto, qui, dell'usciere... per qualche piccola spesa... (*Con altra voce*) Ventisei anni, signor Accusatore, sono ventisei anni che mi trovo qua in mezzo.[30] Sapete, ci si fa un tantino il callo.[31] Si finisce un po' per mancare... di sensibilità, di entusiasmo. (*Tentando di sorridere*) Bisogna anche pensare... al lesso... Voi mi giudicate male.

GOETZ. Non è cosí.

PARSC. Siete giovane, voi! Voi sí, che avete fatto carriera![32]

GAUCKER (*avanzando*) Domando un sopraluogo.[33] Qui si vuol fare una speculazione, si sono messi d'accordo. Io sono sempre stato un brav'uomo, mi conoscono in parecchi. Sono trent'anni che lavoro: povero! Da che è successa la cosa, devo copiar progetti, la sera, per tirare avanti.[34] Ho studiato da ingegnere, sono una persona per bene.

PARSC (*fa un gesto*)

GAUCKER. Eccellenza, bisogna ch'io faccia un po' capire. Non è vero nulla di quello che dicono: anzi, il contrario, mi volevano bene. Io li aiutavo.

BERT. Eccellenza, gli operai si vedevano sopra la morte. Lo sa, questo signore, che rispondeva? «Arrangiatevi!»[35]

GAUCKER. Non è vero!

LA DONNA DAL BAMBINO (*urlando*) Arrangiatevi! Arrangiatevi! Sono morti.

GAUCKER (*pallido*) Ma io... Eccellenza! Ero venuto qua quasi tranquillo. Invece vogliono far confusione. Porterò i testimoni. Non sono io il responsabile!

PARSC (*con voce nuova, duramente*) Quanto era, d'altezza, la scarpata?

GAUCKER. Quindici metri.

PARSC. E la pendenza?

GAUCKER. Dodici.

PARSC. Risulta dieci.[36]

GAUCKER. C'era stato il nulla osta,[37] Eccellenza...

PARSC. Come avete trovato il terreno?

GAUCKER. Un pochetto infiltrato...

PARSC. Marcio.

GAUCKER. È questione del preventivo, Eccellenza! Chi me la[38] rimborsava, a me, la spesa in piú? Migliaia e migliaia di metri cubi da muovere... L'Elettro-ferroviaria... Insomma lui, il signor Kurz...

PARSC. V'aveva appaltato i lavori? Con regolare contratto?

GAUCKER. Sissignore.

PARSC. Da quel momento la Ferroviaria scompare. Non ci siete che voi.

IL TESTIMONIO MIOPE (*tra il pubblico, ironico*) Il signor Kurz non sa nulla. La Ferroviaria, non c'entra!

PARSC. Cos'è? Chi è?

IL CANCELLIERE. Dev'essere un testimonio, Eccellenza.

GAUCKER. Un contratto iniquo, un capestro! E poi modificato venti volte...

LA DONNA DAL BAMBINO. Arrangiatevi!

GAUCKER. Bastava il motorista, se fosse stato attento! Oppure il sorvegliante!

GIUSEPPETTI (*alzandosi*) Io ero manovale, pagato a metro cubo.

GAUCKER. Lo avevo incaricato.

PARSC. Lo so. Avete risparmiato un salario.

GAUCKER. Le armature...

UNA VOCE (*tra il pubblico*) Arrangiatevi!

GAUCKER. Domando una perizia.[39] C'era impiegato legname per 500 metri cubi, circa.

BERT. Poche tavole, marce.

GAUCKER (*cavando con mani tremanti piccole carte che gli cadono, poi un mozzicone di matita*) Fornito dalla Ferroviaria, Eccellenza. Persino esuberante. Ecco qua, è un conto semplice: piú di quaranta piedritti, di 22 centimetri, aspettate... (*Cerca di inforcare gli occhiali*)

PARSC (*a Goetz*) Non è questione di centimetri, vero? È il complesso, il complesso.

GAUCKER (*voltandosi intorno un po' smarrito*) Ma io ero un buon uomo, ve lo può dire chiunque! (*Indicando tra il pubblico*) Tu, Menjura! Eccellenza, ha lavorato sotto di me quindici anni. Sí, di', Menjura. Vieni. Tu lo sai, come mi consideravano in genere?

MENJURA (*che s'è alzato*) Devo parlare?

PARSC. Sbrigatevi.
MENJURA. Eh, un uomo gramo.[40]

Il pubblico ride.

GAUCKER (*a Parsc*) Non ha capito.
MENJURA. Ho capito. Gramo.
GAUCKER. Ma io... ma come...
MENJURA (*bonario*) Signore, lo sapete cos'è? Non ve ne accorgevate. (*A Parsc*) La verità bisogna dirla. Gramo, sempre a gridare, sempre sdegnato. Chi stava sotto a lui gli veniva il mal di cuore,[41] Eccellenza.
PARSC. Spiegate.
MENJURA. Ti guardava cosí; poi cominciava: «Scellerato! Ti prendo a calci! Mangerai l'erba dei fossi.» Diceva sempre: «Possibile che non vi caschi mai un mattone in testa da un quinto piano?» (*Ride, senza motivo apparente*) Eh, il poveretto deve subire tanto, Eccellenza! L'altro anno,[42] per esempio: scoprí un garzone che aveva trovato un piccolo gattino e ci si divertiva.
PARSC. Cosa?
MENJURA. Un gattino.
PARSC. Finitela! Un gattino! Dove credete di essere?
MENJURA. Per far capire, Eccellenza. Insomma, lo pestò.
PARSC. Come?
MENJURA. Sí, lui lí. Con le scarpe; lo spiaccicò sul pavimento, il gattino. Era un uomo cosí. Si sporcò tutte le scarpe.

Un silenzio.

GAUCKER. Ma questo... ma è ridicolo! Non c'entra nulla! (*Pausa*) Era un coso, un gattino...[43] piccolissimo. Volevo dargli un calcio, levarmelo dai piedi...

Un silenzio. Intanto i raggi del sole, dalle finestre molto alte, appaiono e scompaiono sui tavolini e sul pavimento.

PARSC (*alzando gli occhi e poi riscuotendosi, a Goetz*) Nuvole. Cambia il tempo. (*A Menjura e a Gaucker, quasi cortesemente*) Sedete pure.[44] Ho capito.

GAUCKER (*avvicinandosi anche di più, turbato*) Ma io devo spiegare.⁴⁵ Qua si vuol dare una cattiva impressione. Posso assicurare, in coscienza, fin da ragazzo, ho avuto sempre l'animo buono...

MENJURA. Eccellenza, gli operai, di nascosto, sapete come lo chiamavano, lui? Sapete, per far capire. Faccia macchiata.⁴⁶

PARSC. Come?

MENJURA. Faccia macchiata.

GAUCKER. A me? Faccia...

PARSC. E perché?

GAUCKER (*un po' smarrito, a Menjura, indicandosi la faccia*) Per questa? Per la macchia? (*Un silenzio*)

PARSC. Quale macchia?

GAUCKER (*mettendosi meglio in luce*) Qui, sulla faccia: si vede appena. Ho una macchia. Ci sono nato, non è colpa mia. (*Un silenzio*)

UN SIGNORE DAL VESTITO LUCIDO (*che già da un pezzo si agita fra il pubblico, avanzandosi timidamente con un foglio in mano*) Scusate. È permesso?⁴⁷ Sono stato chiamato per testimonio. È uno sbaglio. Io non so proprio nulla. Potrei... potrei andar via? (*Nessuno gli bada, tutti sembrano assorti nelle ultime parole di Gaucker*)

IL SIGNORE DAL VESTITO LUCIDO. Mi aspettano in ufficio, purtroppo. Sono un povero impiegato, con tanti guai... (*tentando di sorridere*) fra i quali i superiori. (*Intimidito, ritirandosi cerimoniosamente*) I superiori...

GAUCKER (*prorompendo, con angoscia*) Ma io non sapevo nulla! Non ho mai saputo nulla, in tanti anni.

PARSC. Siete nato a Witteal?⁴⁸

GAUCKER. Sono del Sud. A Witteal ci sono andato da ragazzo.

PARSC (*a Gaucker, con voce indifferente*) Forse avete studiato a Witteal? Nel collegio?⁴⁹

GAUCKER (*pensieroso*) Sí, nel collegio. Volevo fare l'ingegnere, avevo un monte di idee... (*Guarda la carta rimastagli in mano; d'un tratto*) Ma no, ma no, non è giusto! Non è mica cosí. In fin dei conti c'è la Ferroviaria. Ogni minima cosa:

era la Società, che disponeva! Kurz! Era Kurz! Bisognerà
parlare, finalmente! Non voglio mica che si creda davvero...
PARSC. L'Elettro-ferroviaria non c'entra. La questione è
diversa.
GAUCKER (*mettendosi le mani al collo*) Mi tenevano cosí!
(*Mostrando la carta*) Anche qui, pel legname...
IL TESTIMONIO MIOPE (*ironico*) Il signor Kurz non
c'entra, lo volete capire? Quello non c'entra.
PARSC. Ma chi è quello là? Cosa vuole?
IL TESTIMONIO MIOPE. Nulla, non abbiate paura...
PARSC. È da stamane che ronza! Cosa avete da dire? Vi
insegno io. Andate fuori.
IL TESTIMONIO MIOPE (*avviandosi*) Eh! Ci sarebbe
qualche cosa da dire. Non perdete di vista le questioni generali,
caro signore. (*Esce*)
PARSC (*furioso*) Lucrezio! Fuori! Ma guardate un po' che
impudente! Quel testimonio! Chi è? Come si chiama? Non si
capisce piú nulla, non mi era mai capitato. (*Chiudendo il
fascicolo*) Basta. Sospendo.
GAUCKER. Eccellenza, non mi lasciate cosí.
PARSC. Sono stufo.
GAUCKER (*porgendo i suoi pezzi di carta*) Per carità, date
un'occhiata qui. Basterebbe il legname.
GIUSEPPETTI (*timidamente*) E'stato lui, Eccellenza.
GAUCKER. Sono una persona per bene. Ho la coscienza a
posto.
LA DONNA DAL BAMBINO (*passando di braccio il bam-
bino che prende a piangere disperatamente*) Arrangiatevi!
PARSC. Basta!
GIUSEPPETTI. È stato lui, sissignore.
IL CANCELLIERE (*indignato, a Giuseppetti*) Fate un po'
silenzio anche voi. Qua non si va piú avanti.
LA DONNA DAL BAMBINO. Arrangiatevi!

*Il pubblico mormora e rumoreggia, il chiasso è al colmo. D'un
tratto si sente un colpo lontano: è il cannone di mezzogiorno.*[50]
Tutti, come in un ballo meccanico, si fermano a mezzo, s'azzittano,

cavano fuori l'orologio, poi si alzano con ordine, cominciando ad avviarsi verso l'uscita.

PARSC (*a Goetz, agitato*) Ora di colazione, per fortuna. Se ne riparla dopo.

L'USCIERE LUCREZIO (*a Parsc, indicando l'involto*) La carne, Eccellenza.

GAUCKER (*con le sue carte in mano*) Date una occhiata, Eccellenza.

PARSC (*esce, furioso, senza fermarsi*)

GAUCKER (*all'usciere che non gli bada*) Qua ci son le cifre... (*Al cancelliere*) Le palanche di 15 centimetri...

IL CANCELLIERE (*avviandosi, autorevole*) Signore mio, non è questione di centimetri, qua. La storia di quel coso, di quel gattino, per esempio, ha fatto un po' impressione.[51] (*Esce*)

GAUCKER (*seguendo col suo pezzo di carta*) Ma no. Sentite, è un complotto... (*S'interrompe; ha veduto una signora anziana dall'aria dimessa e un po' comica, che sta a spiarlo tra la gente che sfolla*) Anna!

LA SIGNORA ANNA (*gli si accosta timidamente*)

SCENA SESTA

GAUCKER (*turbato*) Eri qua? Sei venuta! (*Un silenzio*) Hai sentito che infamie? Dopo che li ho sfamati.[1] (*Colpito da un pensiero*) Tu, quando sei venuta?

LA SIGNORA ANNA (*imbarazzata*) Proprio in ultimo, ora. Non ho sentito nulla, Gaucker, nulla. (*Un silenzio*) Vieni via, Gaucker,[2] andiamo a casa. Sei tutto sudato.

GAUCKER (*d'un tratto, infuriato*) Te l'avevo detto sí o no, che non dovevi venire? Lo sai che non volevo! Non mi conti piú nulla!

LA SIGNORA ANNA. Ma io... non ho sentito nulla, te lo assicuro, nulla.

GAUCKER (*guardandola di sottecchi*) Si sono inventati un'infinità di storie, capisci, di infamie. (*Pausa*) Si sono messi d'accordo, mi trovo in una morsa... (*Infuriandosi man mano*)

Le donne eccole qua, certe cose non le capiscono mica. Io sono un galantuomo. Sono sicuro, ho la coscienza a posto.[3]

LA SIGNORA ANNA (*sul punto di piangere*) Ma sí, ma sí, Gaucker. Forse credi che io...

GAUCKER (*prende macchinalmente il cappello; dopo un silenzio*) Cos'è, pensi tu pure... Ti fa senso... la faccia macchiata?

LA SIGNORA ANNA (*giungendo le mani*) Gaucker!

GAUCKER. Viene persino voglia... di farla finita, ecco cos'è![4] (*Una pausa; con altra voce*) Scusami, Anna. Non so piú quel che dico. (*Col bisogno evidente di restare solo*) Eccomi, vengo subito: ho certe carte da prendere.

LA SIGNORA ANNA (*esce*)

GAUCKER (*appena solo fa qualche passo senza scopo; si trova davanti una finestra, cerca di guardarsi la faccia nello specchio del vetro*)

IL TESTIMONIO MIOPE (*ha fatto capolino dal fondo, sta ad osservare come indeciso*)

GAUCKER (*si mette a sedere, gli casca l'occhio sulla carta che tiene ancora in mano; la strappa lentamente lasciando cadere i pezzetti*)

IL TESTIMONIO MIOPE (*che gli si è avvicinato*) Su, su! Non si sa mai, con le cause. Tornate oggi.

L'USCIERE (*entrando*) Via, via. Signori, si chiude.[5]

GAUCKER (*s'alza, s'avvia*)

FINE DEL PRIMO ATTO

ATTO SECONDO

Uno stanzone in cemento, simile a una rimessa con una larga porta. Quando questa si apre appare una estensione di terra smossa, velata di nebbia, dominata da un muro. Siamo alla periferia della città, dove si eseguono i lavori per lo Scalo Nord[1] *e dove è avvenuta la frana.*

D

Si sta attendendo il giudice per continuare il sopraluogo. Il cancelliere, il testimone miope e altra gente stanno discorrendo. Tutti hanno addosso pastrano e cappello.

IL TESTIMONIO MIOPE (*fumando, al cancelliere*) Sí, questo affare mi distrae, mi diverte. Ci ho lavorato anche io, qui, in questo buco. Sotto Kurz. Con la Ferroviaria. Conosco.

IL CANCELLIERE (*autorevole*) Uh! È un processo che piace. Li vedete, i giornali? Quei cosi, per esempio, quei dementi, che credono... di non essere piú vivi? La cosa è complicata. L'ho sempre sostenuto, io, che ci voleva un sopraluogo.

IL TESTIMONIO MIOPE (*gli fa cenno di tacere, ascoltando*)

UN SIGNORE (*al suo vicino*) Il mio principio è questo: che non sono mai abbastanza grandi, le scarpe.

IL VICINO (*triste*) Proprio cosí.[2] (*Si allontanano*)

IL TESTIMONIO MIOPE. E voi? Sentiamo voi, il vostro principio.

IL CANCELLIERE. Cosa volete principiare! Un cancelliere...[3] (*Fregandosi le mani*) Sapete che ci vuole, soprattutto? Un buon riscaldamento. Ora, a casa, ho messo una stufa americana, di quelle...

IL TESTIMONIO MIOPE. E poi?

IL CANCELLIERE. Come, e poi?

IL TESTIMONIO MIOPE (*ironico*) Voglio dire: non pensate mai alle questioni generali, al complesso; mettiamo,[4] alla questione dei combustibili? (*Con esagerata, sarcastica circospezione*) La stufa: ma dicono che il carbon fossile durerà ancora cento anni, sí e no.

IL CANCELLIERE. O bella, dovrei pensarci proprio io?

Si sente, lontano, il fischio prolungato di un treno.[5]

IL TESTIMONIO MIOPE (*che ha guardato l'orologio*) In perfetto orario. E agli orari non ci pensate mai?

IL CANCELLIERE. Non troppo.

IL TESTIMONIO MIOPE (*incastrando le dita di una mano con quelle dell'altra*) Sono una cosa interessante: un incastro, dice Kurz.

UN SIGNORE (*al suo vicino, guardandosi i piedi*) Troppo fango, che diamine! Girano dei raffreddori terribili. (*Seguita a voce più bassa*)

IL TESTIMONIO MIOPE (*guardandosi le dita incastrate*) Quando mi sentiranno, qui nel processo... Conosco dei dettagli interessanti, curiosi.

Si sente, da qualche momento, lontano, un ballabile, che poi si risentirà a momenti per tutto l'atto.

IL CANCELLIERE. La giostra. Al bivio. È sempre un gran ballabile![6]

IL TESTIMONIO MIOPE. Gira. Con questo freddo. Temo che giri vuota. (*Ascolta girando nell'aria il dito*)

IL CANCELLIERE. Più che il freddo, è questione dell'umido, quaggiù.

IL TESTIMONIO MIOPE (*inquieto*) Credete? (*Accomodandosi il fazzoletto al collo*) Non vorrei... Sono un po' delicato.[7] (*Acido*) Voi no? Voi siete un toro, un Ercole?[8]

IL CANCELLIERE. Non fo per dire.[9]

IL TESTIMONIO MIOPE. Come siete cattivo, voi! Nemmeno un piccolo reuma?

IL CANCELLIERE. Bè, un po' il fegato. Cosa volete! (*Segue il ballabile col dito, ricordandosi e canticchiando*) «Messico adorato... giardino incantato...»[10]

IL TESTIMONIO MIOPE. Da ragazzo io volevo fare un monte di cose, caro signore; riformare... diventare chi sa...

IL CANCELLIERE. Eh, anche io. «Giardino incantato...»

IL TESTIMONIO MIOPE (*ironico*) È un incastro.

IL CANCELLIERE. Nel caso mio, è stata la carriera, signore. Non sono stato fortunato nella carriera.

La porta si spalanca, entra il consigliere Parsc, pallido e di malumore.

SCENA SECONDA

PARSC (*andando ansioso verso il cancelliere*) Holand... (*Avvedendosi che la stanza è piena di intrusi*) Benissimo. Fuori di qua. Mascalzoni. Verrete quando sarà ora!

Tutti scivolano fuori, mentre il testimone miope fa per accostarsi al giudice, rivolgendogli dei sorrisetti.

PARSC. Voi, specialmente. Lo sapete che mi avete seccato? Non voglio sentir nulla! Lo sapete che vi faccio arrestare? (*Mentre il testimonio miope scivola fuori*) Lo sapete... (*S'interrompe vedendo la signora Anna che evidentemente si aggirava nei dintorni e ora, mentre tutti escono, cercherebbe di entrare*) E voi? Cosa volete, voi! Quante volte devo dirvelo, che voi non c'entrate![1] È inaudito! È una persecuzione!

LA SIGNORA ANNA (*giungendo le mani*) È sempre stato un brav'uomo, Eccellenza, attaccato alla casa. Era proprio malato, il sorvegliante, di tifo! Tifo.

PARSC (*cercando di star calmo*) Andate fuori.

LA SIGNORA ANNA. La colpa è della Ferroviaria... Si sono messi d'accordo...

PARSC. Fuori! Fuori!

LA SIGNORA ANNA (*torna fuori, incespicando*)

SCENA TERZA

PARSC (*appena uscita la donna, con ansia, indicando una porticina a destra*) Holand: ancora là?

IL CANCELLIERE (*già seduto a un tavolo, con la penna in mano*) Chi? Ah, Gaucker. Sissignore.

PARSC (*con rabbia*) Vorrei sapere che cosa fa, là dentro. (*Quasi timidamente*) Mai uscito fuori?

IL CANCELLIERE. Nossignore. Voi pensate... perché...

PARSC (*con ira*) Perché sono uno sciocco, Holand! Un imbecille. (*Passandosi una mano sul viso*) Perché questo processo mi farà venire la febbre! (*Vincendosi, con asprezza*) Dove eravamo rimasti?[1]

IL CANCELLIERE (*leggendo nel verbale*) Noi consigliere Parsc...

PARSC (*dettando nervosamente e camminando*) ...con l'assistenza...

IL CANCELLIERE. ...assistenza...

PARSC (*ripensandoci, con ira*) Sono tornato di corsa, ci credete? Guardate qua in che stato!² (*Guardando la porticina*) Come se proprio io dovessi preoccuparmi... (*Con ira*) Vorrei sapere che cosa vuole, perché mi guarda, in quel modo!

IL CANCELLIERE. Gaucker?

PARSC. Sí. Fa la vittima. Mi guarda, da lontano; sempre coi suoi pezzetti di carta, i suoi conti. Scellerato.

IL CANCELLIERE. Un cuore inumano, signore.³

PARSC. Non ho avuto ragione, di cacciarlo via, di levarmelo d'attorno? Lui seguitava a fissarmi, con quel testone, quell'occhio... triste, scuro... Sembrava un grosso bue.

IL CANCELLIERE (*ridendo molto*) Ah, un grosso bue. Magnifica.

PARSC (*leggermente urtato, riprendendo a camminare e a dettare*) Con l'assistenza del cancelliere sottoscritto...

IL CANCELLIERE. ...sottoscritto...

PARSC (*con una strana timidezza*) Dite un po': non trovate... che mi somigli un tantino?

IL CANCELLIERE. Chi? Ah. Che dite mai.

PARSC. Un po' la voce, l'accento. Ci sono stato io pure, a Witteal, da ragazzo.

IL CANCELLIERE. È tutta un'altra cosa. Un omaccio.

PARSC (*riprendendo a dettare*) Recatici eccetera eccetera, abbiamo quivi eseguito...

IL CANCELLIERE. ...eseguito...

PARSC (*con una specie di timidezza*) Holand, voi... avete idea... di quel che stia facendo?

IL CANCELLIERE (*accennando verso la porticina*) Credo che in fondo ci sia un bugigattolo, una specie di sgabuzzino. Era il suo ufficio. (*Fregandosi le mani*) Si sono dimenticati di metterci il termosifone, signore. (*Ride, soddisfatto della sua frase*)

PARSC (*che ha socchiuso la porticina e guarda oltre essa*) Dev'esserci anche mezzo buio. Bel gusto. (*Vincendosi e riprendendo a dettare con una specie di veemenza, di durezza*) Abbiamo quivi eseguito un accurato sopraluogo.

IL CANCELLIERE. ...sopraluogo...

PARSC. La località, consistente... (*Per completare la sua descrizione, apre la porta del fondo*)

LA SIGNORA ANNA E IL TESTIMONIO MIOPE (*appaiono uno di qua, uno di là, come in attesa, mentre il ballabile della giostra si fa piú distinto*)

PARSC (*infuriato*) Ancora voi? (*Richiude la porta con violenza, poi, con esasperazione crescente*) Holand, sapete che questa storia mi fa star male?[4]

IL CANCELLIERE (*deferente*) Oh, non c'è peggio dell'umido.

PARSC. Quel testimonio con gli occhiali, per esempio, di che s'impiccia? Ce l'ha con Kurz,[5] sempre Kurz. E la cena? La cena di stasera? Ci sarà anche l'Accusatore. Non avrei nemmeno voglia di andarci.

IL CANCELLIERE. Fate uno sforzo, signore. Quello è l'Olimpo.[6]

PARSC. Mi ci vorrebbe un tight.[7] Sí, con le code. E quella donna. La moglie, con quel cappellino buffo. È lui, è Gaucker, che me la mette alle costole. M'aspetta sul portone, mi viene dietro. La costringe, lui, è evidente.

IL CANCELLIERE. Chiaro come il sole.

PARSC (*sempre piú infuriato*) L'Accusatore, lui, fa le teorie.

IL CANCELLIERE. Con le teorie si fa presto.

PARSC. Quasi non ci ho dormito, stanotte!

IL CANCELLIERE. Siete giú di cera, signore.

PARSC (*con rabbia*) Nelle altre cause, almeno, c'è la coltellàta, c'è qualche cosa, capite?

IL CANCELLIERE (*battendo le ciglia*) Eh. Capisco.

PARSC. Ma qui? Nessuno aveva l'intenzione: questi, di fracassarli; quelli di farli impazzire. È toccato a loro. A questi altri toccherà la condanna:[8] giú, anche loro, schiacciati. Una macchina, un rullo, peggio per chi ci capita. La vita.

IL CANCELLIERE (*tenendosi sulle generali*)[9] La fortuna è una gran cosa, nella vita.

PARSC. L'altr'anno:[10] ero su un autobus che mise sotto un bambino. Dapprima non capimmo, eravamo seccati, scendemmo. Holand! Era proprio finito... con la testina, capite? Proprio lí, sotto la ruota. (*Con rabbia e orrore*) Ma è permesso? È permesso che succedano cose simili? (*Con angoscia*) E il buffo è questo, che sopra quella testina... c'ero stato anche io, con tutto il mio peso, il mio malumore, la mia fretta... (*Furioso*) La vita, sí: ma si può prender sonno, domando, con queste cose? Giú, colpire, ci vuole. Altro che preoccuparsi.[11] Trovare il responsabile e giú. (*Dettando*) La località consistente...

IL CANCELLIERE. ...consistente...

PARSC. Altro che sentimentalismi![11] (*Dettando*) In uno scavo profondo...

IL CANCELLIERE. ...profondo...

PARSC (*d'un tratto, a bassa voce*) Holand, starete zitto?

IL CANCELLIERE (*con la mano sul petto, onorato*)[12] Signor consigliere...

PARSC. Sapete che io credo... da ragazzo, in collegio, d'averlo conosciuto, quello là?

IL CANCELLIERE. Voi? Gaucker? In collegio?

PARSC. A Witteal. Io ero nei piccoli. Quando si dice...[13]

IL CANCELLIERE. Curiosa.

PARSC (*un po' impressionato*) E sapete che allora... ho l'impressione che Gaucker, allora, fosse tutt'altro che un cattivo tipo?

IL CANCELLIERE. Curiosa.

PARSC. Lui no; non m'ha riconosciuto. Affatto. Mi sarebbe seccato molto, lo capite. È anche per questo, capite, che mi sento... a disagio, di malumore. (*Con ansia repressa*) Secondo voi... cosa credete che faccia?

IL CANCELLIERE. Volete, con un pretesto, che vada a sincerarmi?

PARSC (*dopo un silenzio, con durezza*) Per carità.[14] Sono uno sciocco: non fino a questo punto, però. (*Passandosi una mano sul viso*) Dove siamo?

IL CANCELLIERE (*leggendo*) Scavo profondo.

PARSC. Profondo. (*Cava una fotografia, la porge a Holand*) Voglio farvi vedere una fotografia.

IL CANCELLIERE. È lui?

PARSC. Io! Sono io! L'ho cercata stanotte, in un baule. (*Indicando*) La divisa del collegio. Bel ragazzino, no?

IL CANCELLIERE. Una carezza, signore![15] Nessuno davvero direbbe... (*S'interrompe, confuso; un silenzio*)

PARSC. È cosí, Holand. Nessuno direbbe. Sono un altro. Per questo, non m'ha riconosciuto. (*Una pausa*) Avevo delle guancie da signorina. Se incontravo lo sguardo di qualcuno, gli facevo un sorriso, arrossivo, subito amici, con tutto il cuore. Ero... vivace. Ecco: vivo.

IL CANCELLIERE. Si sa, i ragazzi.

PARSC (*rapidamente a bassa voce, accennando alla porticina*) È chiuso a chiave?

IL CANCELLIERE. Non saprei, signore.

PARSC. Scavo profondo. Oggi mi sono guardato. Che faccia m'è venuta, Holand! Una faina![16]

IL CANCELLIERE. Sapeste io, col mio fegato![17]

PARSC (*imitando se stesso*) «Questo scellerato d'usciere!» «Ci penso io, per voi; vi faccio arrestare!»

IL CANCELLIERE. Cosa volete![18]

PARSC. Forse è per via della voce, questo tono di voce. Mi è venuto cosí, a poco a poco. (*Con rabbia*) Per forza! Sempre qui, fra brutture, canaglie... (*Con rabbia e con una certa trepidazione*) Magari si andrà dicendo che anche io... sono ingiusto, no? odioso...

IL CANCELLIERE (*con la mano sul petto*) Signore...

PARSC (*con sarcasmo*) ...che dovrei avere... piú garbo, umanità. Non me l'avete trovato, anche a me, il soprannome? Fortuna che la faccia non l'ho macchiata, io!

IL CANCELLIERE. Signor consigliere...

PARSC (*gridando*) Il mio dovere! Io faccio il mio dovere. Cosa ha da saperne la gente! Anche io da ragazzo... (*abbassando la voce*) ce l'avevo con mio padre.[19] Giudice lui pure. L'ho odiato. Un vecchio aspro, con un po' di podagra, delle abitudini grette e due o tre pensieri, qui dentro, come ciottoli. (*Con angoscia*) E adesso… eccomi qui: preciso.[20]

IL CANCELLIERE. Naturale, signore.

PARSC (*con rabbia*) Sí, le teorie! Vorrei vedere un altro, qua in mezzo. (*Febbrile*) Le prime volte che uscivo, per leggere la condanna:[21] avevo il cuore qui, Holand. Non lo guardavo mica, quel povero diavolo smorto lí davanti. Ogni parola che dicevo la sentivo qui, come una coltellata. Cinque anni, dieci anni, la vita finita, addio. E poi gli urli, delle donne, delle mogli. (*Con rabbia e angoscia*) Bè, lo sapete che adesso non mi fa piú nulla? Piú nulla! (*Crescendo*) Bisogna star qui, sapere quel che succede! Altro che sentimentalismi. (*D'un tratto, passandosi le mani sul volto*) Dio mio. Questo processo è un incubo. (*Prorompendo, come se non ne potesse piú, con una specie di furore*) Ma si può sapere che fa, quello là, là dentro? È piú d'un'ora! Non si sente nulla!

IL CANCELLIERE (*indicando la porticina*) Volete che vada…

PARSC (*vincendosi e dettando con violenza*) La località consistente in uno scavo profondo…

IL CANCELLIERE. …profondo… (*Accennando alla porticina*) Se volete, potrei, in punta di piedi…

PARSC (*rauco*) …fra pareti di terra…

IL CANCELLIERE. …terra… Non la fa mica, quello là, una sciocchezza. Non abbiate paura, signor consigliere.

PARSC (*furioso*) Paura? Non dite imbecillaggini! Paura! Di che cosa volete che abbia paura! Paura! (*Dettando*) Fra pareti di terra umida, acquitrinosa…

IL CANCELLIERE. …umida acquitrinosa…

PARSC (*guardando la porticina e poi passandosi la mano sul volto, come se non trovasse piú parole nel suo cervello*) …umida… acquitrinosa…(*fissando la porticina, macchinalmente*) …umida… (*Con una smorfia di sorriso*) Holand, non sono piú capace… di andare avanti. (*Vinto, pallidissimo*) Chiamatemi almeno quella donna, la moglie.

IL CANCELLIERE (*già corre alla porta del fondo, l'apre. Appare la signora Anna che aspetta pazientemente tra la nebbia; piú in là il testimonio miope*)

IL CANCELLIERE (*alla donna*) Sentite.
LA SIGNORA ANNA. A me?
IL CANCELLIERE. Vi vuole il signor consigliere.

SCENA QUARTA

LA SIGNORA ANNA (*precipitandosi dentro con degli inchini*)
Lo sapevo, Eccellenza! Avete la faccia tanto da buono...
PARSC (*agitato, esitante*) Sentite un po'... Che cosa dicevate,
prima?
LA SIGNORA ANNA (*precipitosamente*) Che Gaucker è un
angelo, sí; che si sono messi d'accordo... Lo dice anche quel
signore dagli occhiali, qua fuori...
PARSC. Ma voi...
LA SIGNORA ANNA. Sono tutta infangata... Tutti mi man-
dano via...
PARSC. V'ha detto qualche cosa, Gaucker?
LA SIGNORA ANNA (*precipitosamente*) Tutto mi dice! Lo so
io sola, com'è. Non esce mai, la sera, figuratevi.[1] Mi legge i
fatti sul giornale...
PARSC. Io volevo...
LA SIGNORA ANNA. Sapete che vuol farmi giocare a carte
con lui? Pensate, un uomo come lui, gli mancava poco per
ingegnere,[2] io ero una povera ragazza, lui dice che io sola lo
capisco...
PARSC. Io volevo sapere... se in questi giorni...
LA SIGNORA ANNA. Sí. Un bambino, signore! Anche
ghiotto! È tanto delicato, si perderebbe per nulla, se non fossi
lí io...
PARSC (*disperato*) Ma insomma!
IL CANCELLIERE (*intervenendo*) Sua Eccellenza vuol sa-
pere...
PARSC. V'ha detto qualche cosa... in questi giorni?
LA SIGNORA ANNA. Che era tutto un complotto, signore!
Lui li ha beneficati! Sentite questa.[3] C'era un manovale vec-
chio, un certo Gregorio, non era piú buono a nulla...
PARSC (*fa un gesto*)

LA SIGNORA ANNA. Lui, Gaucker, è stato lui contro tutti che l'ha voluto tenere. Lo aiutava, persino, di nascosto, gli prendeva il badile, gli faceva proprio il lavoro, perché non lo sgridassero! Un atto cosí nobile...

PARSC (*fermandola per un braccio*) Vi è sembrato cambiato, in questi giorni?

LA SIGNORA ANNA (*allarmata*) Sí, certo, un po' cambiato. Aveva un dispiacere, se sapeste. (*Disperata*) Da tanti giorni non ci dorme nemmeno, Eccellenza! Mi fa paura...

PARSC. Dove l'avete lasciato, oggi?

LA SIGNORA ANNA (*sgomenta*) Ma... perché? A casa.

PARSC. Diceva... qualche cosa? Lo sapete ora dov'è?

LA SIGNORA ANNA. Madonna mia! Io dico... sarà a casa...

PARSC. Siete sicura? Non c'è mica il caso...?[4]

LA SIGNORA ANNA (*toccandosi la fronte, come se sudasse*) Oh Madonna mia! Madonna mia. (*D'un tratto corre via arrancando*)

PARSC (*al cancelliere, accennando*) Per carità,[5] guardate.

IL CANCELLIERE (*corre, entra nella porticina*)

IL TESTIMONIO MIOPE (*apparendo dal fondo, eccitato*) Che c'è?

PARSC (*accennando*) Ma, non so... Gaucker...

IL TESTIMONIO MIOPE (*corre anche lui*)

PARSC (*rimane solo per qualche istante, guardando la porticina*)

SCENA QUINTA

IL TESTIMONIO MIOPE (*riappare come pensieroso; vede Parsc*) Appena in tempo. Vivo. Del carbone. Un braciere.[1]

GAUCKER (*condotto dal cancelliere, come se fosse stordito, entra a sua volta*)

IL CANCELLIERE (*dopo averlo fatto sedere*) Su, su. Che diamine. Su, perbacco. Ma che idee! Guardate: sudo. Finisce che ci rimetto io.[2]

PARSC (*con durezza eccessiva*) Che cosa avete creduto? D'impressionarmi?

GAUCKER (*sta lí, come se non capisse*)

PARSC (*meno aspro*) Il tentato suicidio: la commedia! Parlate almeno! Dite qualche cosa. (*Un silenzio*) C'è stata qui vostra moglie, infangata fino agli occhi. È corsa via a cercarvi, piú morta che viva, lei sí! (*Sempre un po' aspro*) Dice che non è colpa vostra, che voi siete innocente... che giocate a carte con lei: che avete fatto del bene, agli operai. (*Con una certa bontà*) Ha raccontato il fatto di quel vecchietto, Gregorio.

GAUCKER (*facendosi attento*) Gregorio?

PARSC. Sí, quel manovale vecchio, che tutti volevano mandar via. Ha raccontato che voi avete voluto tenerlo. Che c'è?

GAUCKER (*lo guarda fisso*)

PARSC. Anche del sorvegliante, ha parlato; che era davvero malato; di tifo.

GAUCKER. Cosa?

PARSC. Di tifo.

GAUCKER (*con un riso isterico*) Di tifo! Ah, ah! Di tifo! (*Con improvvisa angoscia*) Non è vero, capite? Nulla! Di tifo! Anche quel vecchio, Gregorio, sono stato io, proprio io, che l'ho cacciato! L'ho buttato io sulla strada! (*Un silenzio*)

PARSC. Vostra moglie, sicché...

GAUCKER. Sa tutto. (*Pausa*) Ora capite? La sentenza, su me, già è stata data, signore. L'ha data lei, mia moglie. (*Un silenzio; con tono pacato, quasi distratto*) Non era malato, il sorvegliante: volevo risparmiare un salario. Anche le tavole. È vero. Erano marce. Sono stato un omaccio, un padrone cattivo. Per anni e anni. (*Un silenzio*)

PARSC (*incerto*) Sicché voi vi accusate, cioè vi assumereste la colpa... Mi pare... che non siate troppo calmo.

GAUCKER. Bisognava sentire la voce, signore; che voce avevo! Faceva impallidire gli operai.

PARSC (*turbato, tentando di reagire*) Anche la voce, adesso! La vita, certo, non è mica di zucchero! La voce. Certe volte, si sa, occorre farsi valere.[3]

GAUCKER (*pensieroso, facendo di no col dito*) No, no.

PARSC. Anche io... Grido, mi arrabbio. C'è il suo motivo.

GAUCKER (*come tra sé*) No, no. Ci ho pensato, signore. Non c'è il motivo. Si sa benissimo d'essere ingiusti, odiosi,[4] ma è proprio questo, signore, che fa venire... un piacere, una furia...

PARSC. Ma no, scusate. Sono romanticherie. Ci mancherebbe altro.[5] Certe volte si ha fretta, si ha da fare, si è di cattivo umore...

LA SIGNORA ANNA (*appare dalla porta del fondo, si ferma, ascolta*)

GAUCKER (*sempre nel suo pensiero*) Gli occhi! Chi sa che occhi, dovevo avere, signore! Anche qualche donna, ragazze, che avevano bisogno. Me ne approfittavo. Avevano paura. Lo capisco adesso! Paura.

PARSC. Ma è ridicolo. Qualche debolezza, nella vita, è di tutti. Non ci si fa caso. Si è uomini...

GAUCKER (*con l'indice teso verso il giudice*) Sí. Non ci si fa caso. Anche io. Poi arriva il giorno... Signore! Mia moglie, è stata, che m'ha fatto capire! (*Con altra voce*) È una buona donna, Eccellenza. È vero, certe sere giocavo a carte con lei. La sua ansia era che il caffé non fosse riuscito buono, capite? Sapete, siamo rimasti noi due soli. Il primo giorno del processo, Eccellenza, me la sono vista[6] nell'aula. Aveva sentito: tutto. Io stavo lí un po' inquieto, non sapevo neanche il perché. Lei mi guardava... e d'un tratto mi cominciai a sentire una vergogna... una vergogna orribile, un dispiacere, un male, ma soprattutto vergogna! Lei mi dava ragione,[7] che era tutto un complotto, mi dice sempre cosí. Ma io lo so, signore, che lei non pensa mica in questo modo. Io lo so quello che pensa. Forse a casa mi guarda, di nascosto... Paura! Faccio paura anche a lei! Ma il peggio è questo, signore: che... mi sono visto anche io, come se mi si fosse spaccata una crosta, capite? Sono... una cosa brutta. M'ero quasi scordato d'avere questa: la faccia macchiata. Per notti e notti mi sono messo a pensare;[8] a ricordarmi... tutte le cose che avevo fatto di male. Anche oggi, signore... (*Accenna la porticina*) Sono entrato lí per cercare... Volevo ricordarmi... di quelli.

IL TESTIMONIO MIOPE. Quelli?

GAUCKER. Quelli rimasti là sotto.[9] Sí, i morti. Per ricordarmeli bene. Mi pareva d'avere... un vento sulla faccia.[10] C'era silenzio. Mi sono messo a canticchiare.

IL TESTIMONIO MIOPE. E... poi?

GAUCKER. Ero... tranquillo. Ormai ero... fuori, in fondo, capite? (*Canticchia piano*) Mi vedevo le mani, che si movevano... mi sono messo a preparare... Sapete... la cosa...

LA SIGNORA ANNA (*mettendosi a piangere e inoltrandosi*) Oh, Riccardo, come hai potuto far questo! (*Prendendogli le mani, lacrimosa, ridicola, scandalizzata*) Tu, un uomo come te! Io aver pensato che tu sei una cosa brutta, un omaccio! Oh Madonna mia! Come hai potuto figurarti una cosa simile?

GAUCKER (*smarrito*) È una buona donna, Eccellenza. Forse l'ho sacrificata.

LA SIGNORA ANNA. Oh Madonna! Sono stata io, che dovevo volerti piú bene, dovevo essere piú allegra... Riccardo! tu sei un angelo! Ma che hai pensato? Che cosa hai creduto?

GAUCKER. Ho pensato... Ho pensato... (*prorompendo*) alla figlietta nostra![11] Alla figlietta nostra! Che forse anche con lei sono stato troppo sgarbato, severo! (*Si dà dei pugni sulla testa*) Era tanto gracile. Forse è stato per questo che si ammalò...

LA SIGNORA ANNA (*baciandogli le mani*) Per carità, Riccardo, ma che dici! Lo sai che era debole proprio di petto, è stato il mal di petto, Riccardo, te lo giuro... (*S'interrompe*)

PARSC (*s'è avanzato, un po' convulso*) Sentimi,[12] Gaucker. Ho qualche cosa da dire. Sono Parsc! Parsc, quello di quinta, il magrino![13] Nel collegio di Witteal, ricòrdati. Io ero un po' piú piccolo. (*Al testimonio miope*) Lo ammiravo! Lo adoravo! Sapete come sono i ragazzi: me lo sognavo di notte! Era il ragazzo piú buono, leale, coraggioso, generoso...

LA SIGNORA ANNA. Un angelo, signore. Un angelo.

PARSC. Aspettate. Ho da dirvi... qualche altra cosa. Anche io ero un buon figliolo... perdevo tutti gli ombrelli... Gaucker, se tu sapessi, come sono diventato! Gaucker, quando tu eri là dentro... io lo sapevo: fin dal principio, come se ti vedessi, traverso i muri. Lo sapevo, che volevi finirla! E tuttavia, per un'ora, sono stato qui, poi là fuori, poi ancora qui: camminavo, dettavo... (*Indicando il cancelliere*) Lui diceva: dobbiamo andare a vedere? — No. No. —[14] Dettavo: i muri, la terra... E intanto ti vedevo: tutti i preparativi, adagio, adagio... (*Al testimonio miope*) Lo ammazzavo! (*Con stupore infantile*) E perché? E perché? Io non ero cattivo. Che cosa è stato?

IL TESTIMONIO MIOPE (*come tra sé*) La causa. Forse io la so.

PARSC. Sí, la causa, secondo voi, la causa di tutto questo? La causa...

IL TESTIMONIO MIOPE. C'è. Di tutto, anche della frana, signore. C'è quálcuno... Noi non ce ne accorgiamo: ci accorgiamo soltanto... come dicevate? che si ha da fare, si ha fretta... si è irritati...

PARSC (*con angoscia*) Se si ha da dire una parola affettuosa, umana, ci si vergogna. Sempre cattiveria...

IL TESTIMONIO MIOPE. Sí, crudeltà. Durezza. Non si ha requie. Non si può neanche dormire, la notte, col frastuono del traffico. Si rischia davvero d'impazzire, anche noi. (*Abbassando la voce*) Non è mica nostra, la colpa. È un inconveniente piú in grande.[15] (*Accennando a Gaucker*) Neanche lui ha colpa. Io lo so.

LA SIGNORA ANNA. Ha lavorato sempre, signore! Sempre trattato male...

GAUCKER (*quasi sul punto di piangere*) Ho la faccia macchiata. Non è mica colpa mia, vero?

LA SIGNORA ANNA. Tornava a casa stanco morto, finito. Non è mica piú un ragazzo! Gli veniva anche un po' d'affanno, in ultimo.

IL TESTIMONIO MIOPE (*leggermente eccitato*) Ci si ammala, è cosí. Io sono ancora giovane, certo: ma non sto troppo bene, da un po' di tempo.[16]

PARSC (*convulso*) Viene persino il sospetto... d'aver sbagliato la propria vita.

IL TESTIMONIO MIOPE (*con improvvisa disperazione, quasi gridando, mentre si riode il ballabile*) La propria vita! La propria vita! Si può seguitare cosí? Io domando: si può seguitare cosí? (*Un silenzio; vincendosi*) Devo dirvi una cosa: io credo che la colpa di tutto ciò non sia nostra.

PARSC. La colpa... quale colpa?

IL TESTIMONIO MIOPE. Di tutto questo. Di tutto l'insieme. Anche della frana.

PARSC (*esasperato*) Kurz? Ancora col suo Kurz? È una fissazione.

IL TESTIMONIO MIOPE (*d'un tratto, guardando l'orologio*) Un momento. Aspettate un momento.

GAUCKER. Per carità: sapete qualche cosa?

IL TESTIMONIO MIOPE. Un momento, vi dico... (*S'interrompe*)

Ed ecco comincia, non lontano, l'ululo d'una sirena; poi altre sirene di altre fabbriche con un crescendo impressionante.

IL TESTIMONIO MIOPE (*eccitato, con l'indice verso un punto e verso l'altro*) Sí: una macchina, un rullo. Le fabbriche. L'alluminio. Le ferriere riunite.[17] Kurz, Kurz, sicuro, Kurz! Voglio dire, signore, che qua bisogna guardare il complesso. Questo processo non si può risolverlo a sé, isolato.

GAUCKER (*ansioso*) Voi dite che la colpa... che io...

PARSC. ...che noi tutti si sia...[18]

IL TESTIMONIO MIOPE. ...trascinati; travolti, dentro un torchio, signore. (*Con l'indice teso*) Congegni, ruote, orari: un torchio da uva, signore. A poco a poco tutti, veniamo spremuti lí dentro. (*A Gaucker*) I vostri manovali ci hanno lasciato le ossa.[19]

GAUCKER. Allora voi... dite che Kurz...

PARSC (*confuso*) ...che in sostanza, lo scopo...

IL TESTIMONIO MIOPE (*febbrile*) Lo scopo è di aumentare il rendimento; di dare al torchio qualche altro giro, signore. Statistiche, infortuni... postriboli... Tutto calcolato, incastrato, direbbe Kurz. Infortuni vuol dire gente schiacciata, signore, tagliata in due.

PARSC. Qua si diventa matti. La colpa! I responsabili!

IL TESTIMONIO MIOPE (*toccandolo, e come in segreto*) Ci sono. Ci sono delle persone, caro signore, dei vecchi intorno a un tavolo... Son quelli che decidono. Tutto deliberato, da prima! Gli indennizzi, mettiamo, già stanziati, da prima: questi milioni di uomini faranno questo, renderanno tanto; queste

ragazze: (*ammiccando*) prenderanno il libretto;[20] questi tisici:
pazzi; questi altri, invece, li faremo morire, li seppelliremo,
poniamo.[21] Questo, quello, quell'altro.

GAUCKER. Ma la frana...

IL TESTIMONIO MIOPE. Capite il meccanismo? Questa
bella bambina coi boccoli, per esempio; il giorno tale, in via
tale, l'autobus tale la taglierà cosí.[22] (*Facendo la voce di un altro*)
Ma signore... la mia bambina, cosí vivace... (*Fingendo di
rispondere*) Mi dispiace, c'è l'ordine: acceleramento del traffico.

PARSC (*esasperato*) Ma che vi salta, ora, che c'entra?[23]

IL TESTIMONIO MIOPE. Avanti, avanti; accelerare, co-
struire, scavare. Vengono gli operai, gente infangata, ridicola,
sono allegri, si dànno dei colpi sulle spalle: dovranno morire.
Questo, quello, quell'altro, un tanto per cento; piú, meno,
secondo il finanziamento, signore. Questione di numeri.

LA SIGNORA ANNA. Sissignore! La colpa è della Ferroviaria, Eccellenza!

PARSC. Ma qui... domando: dove si va a finire? (*Battendo sul
fascicolo*) Questo è il processo Gaucker,[24] lo capite?

IL TESTIMONIO MIOPE. Farò una denuncia precisa.

GAUCKER. «Arrangiatevi!» Erano loro che lo dicevano a me!

IL TESTIMONIO MIOPE. Posso testimoniare. Circostanze
precise.

PARSC (*gridando*) Ma insomma, voi! Che ne sapete, voi, voi?

IL TESTIMONIO MIOPE. Io solo! Io solo posso sapere,
signore! Perché io sono... (*Vincendosi*) Sono stato addetto,
conosco. (*Quasi sottovoce*) Ho avuto l'occasione di conoscerlo,
il signor Kurz. Tutti i congegni, i fili, si riuniscono su, ai
quartieri ovest in un secondo piano. Là c'è un ometto, che sta a
sentirvi capovolgendo la matita... (*Imitando il gesto*) Cosí...
cosí... cosí... Il responsabile? Ma tutto questo affare, diremo,
questo torchio da uva, lo muove lui, signore! Lui sta lí, calmo,
preme i suoi campanelli... Noi, voi, lui, tutti gli altri, i metri
cubi di terra, le bambine coi boccoli: numeri, numeri... (*Muo-
vendo le braccia come un burattino*) L'abilità,[25] dice lui, è di
macinarli sempre piú presto, piú presto. Ora lo vedete il nesso?
(*Si riode il ballabile della giostra*) Piú presto. E perché poi? A

E

quale scopo? Dal momento che siamo sempre lí, sempre intorno a quel perno... Solo si va piú presto.[26] Io non vedo affatto lo scopo di tutto ciò.

PARSC. Voi volete farci impazzire!

IL CANCELLIERE. Farete tardi per la cena, signore. Ricordatevi il tight. (*Infatti comincia a farsi scuro*)

PARSC (*smarrito*) Già. Il tight. Occorrerebbe...

IL TESTIMONIO MIOPE (*quasi fra sé*) Occorrerebbe un punto fermo, almeno. Questo meccanismo è talmente ben combinato, lucido... veloce... che si teme persino... che so io, d'impazzire![27] Viene la tentazione... di vendicarsi, di fare qualche cosa d'atroce... (*Stridulo, lamentoso*) Non sto troppo bene, fra l'altro; qui c'è una tale umidità... Non si dorme, si perde l'appetito... (*Fuori di sé*) Mi hanno fatto ammalare, capite? Con questa storia dei numeri... sempre piú presto, numeri... numeri... (*Si interrompe, va alla porta, la spalanca; si ferma a guardare fuori; un silenzio*)

GAUCKER (*avvicinandosi a Parsc*) C'è una cosa, però. Devo dirlo in coscienza. Questo signore non ha mica torto. Però...

PARSC. Però...

GAUCKER (*cavando di tasca un libretto*) Ero andato là dentro per cercare questo.

PARSC. Cioè?

GAUCKER. Il libro paga. Volevo ricordarmi proprio bene di... loro. Gli operai... di quella notte. Le loro faccie. (*Con agitazione crescente*) Ho guardato qui dentro, le loro firme. Firmavano qui, tutti i sabati.

PARSC. Capisco.

GAUCKER. Non ho potuto ricordarmi preciso.[28] Erano tutti... sapete, come sono sul lavoro... (*toccandosi le ginocchia*) tutti con le toppe qui e qui...

Il testimonio miope e il cancelliere si accostano a sentire.

GAUCKER (*toccandosi le spalle e fissando avanti a sé, come se li vedesse*) Tutti con le giacchette color calce qui sopra...

PARSC (*fissando anche lui avanti a sé*) Sí, sí.

L'ACCUSATORE GOETZ (*entra da sinistra, non veduto*)

GAUCKER. Però, ce n'era uno... Firmava con un segno di croce, prima si faceva su i baffi, cosí...

IL CANCELLIERE (*inquieto, a Parsc*) Signore, cosa si sta qui a fare?

GAUCKER. Uno di quei tipi cerimoniosi; faceva un sospiro, diceva: «eh, questa stagione, signore, speriamo bene».[29] (*Con altra voce*) Speriamo bene. Adesso di lui, Aiello, se ne sono scordati persino; nemmeno il nome![30] Si fa confusione. Non si sa piú nemmeno quanti sono, tre, quattro, dieci... chi è morto, chi non è morto, tutta una matassa...

Guardano tutti avanti a sé, quasi vedessero qualche cosa. Oltre la porta del fondo, nella sera, tra la nebbia, comincia a scorgersi un gruppo, come di tre persone in attesa.

IL CANCELLIERE (*sempre inquieto*) La cena... il tight, signore.

GAUCKER. Adesso noi si sta qui,[31] il signore ragiona, va tutto bene. Ma loro? Dove sono loro? Aveva comperato 60 centesimi di biscotti, li aveva in una carta. Non erano mica numeri, signore, voglio dir questo! Erano proprio... come me e voi. Aveva dei baffi un po' grigi, incalcinati...

IL CANCELLIERE. Per conto mio, signore...

PARSC (*furioso, al cancelliere*) Andate al diavolo, voi! Basta! La cena, il tight, non so che farmene![32] Al diavolo tutti!

GOETZ (*avanzando*) Che c'è?

PARSC (*fuori di sé*) C'è che questo processo mi fa andar via la testa.[33] C'è questo. Sembra di sognare, in coscienza.[34] Non si capisce nulla, non si riesce a trovare... un punto fermo. Signor Accusatore, io perdo la pazienza, sono capace di piantar lí tutto![35]

GOETZ (*calmo*) Ecco, bisognerebbe sentire certi testimoni importanti; quelli potrebbero chiarire. Uno, Burke, ha parlato, dopo, poche parole. Quegli altri, invece, no. Dico quelli rimasti sotto. Sarebbe interessante sentirli.

PARSC (*sgomento*) Quelli... Voi dite, quelli rimasti sotto? I morti?

GOETZ (*quasi con noncuranza, accennando fuori*) Sí. Li faremo venire al processo. Sono là.

Tutti si voltano e rimangono immobili a fissare i tre che stanno in attesa,[36] *fra la nebbia, come sbiaditi.*

FINE DEL SECONDO ATTO

ATTO TERZO

L'aula del Tribunale, a ora tarda. Illuminazione intensa, verticale, con lampade a riflettore pendenti dal soffitto.

SCENA PRIMA

Magistrati, accusati, testimoni e curiosi affollano l'aula. Il testimonio miope sta deponendo.

IL TESTIMONIO MIOPE (*con una specie di cantilena, guardando un punto a terra*) Vi dico: un uomo da averne paura, signore. Un ragno. Mi basterebbe che lo sentiste parlare. Lui non fa mai discorsi generali; sempre preciso. Sempre osservazioncelle — tac —[1] su cui ha sempre ragione. Alla lunga si resta... impauriti... Un incubo.

IL PRIMO CONSIGLIERE JUD (*agitato*) Parsc, stai a sentirlo? Parla per un rancore personale, è evidente.

IL TESTIMONIO MIOPE (*come sopra*) Discorsi oziosi: capita a tutti di farne; di entusiasmarsi; si parla... che so io... di viaggi! Ebbene: entrava lui, e d'un tratto... ci si vergognava, capite? Senza che lui parlasse si capiva che erano... tutte sciocchezze. Si era portati al positivo, mi spiego? Tutto diventava... disseccato, inutile, funebre. Forse voialtri[2] non potete capire.

JUD. Parsc! Dove andiamo a finire?

PARSC (*con un sorriso smorto, voltandosi a Goetz*) Le nostre indagini, certo... sono andate un po' in là...[3] un po' fuori dei limiti...

GOETZ (*implacabile, ambiguo*) Trovare il punto: occorre trovare il punto. Bisogna dare la sentenza,[4] quest'oggi.

JUD. Ma tutto questo è fuori del processo, è ridicolo!

IL TESTIMONIO MIOPE. Faccio denuncia regolare.

JUD. Ma, ma... la procedura...

IL TESTIMONIO MIOPE. Riferirò dei fatti.

UNO DEL PUBBLICO (*all'usciere*) Avremo delle rivelazioni, vedrete.

L'USCIERE. Colpi di scena! Colpi di scena![5]

JUD. Ma se risulta che il signor Kurz non fa parte! Kurz, con la Ferroviaria, non c'entra!

IL TESTIMONIO MIOPE. Sono tutti anelli d'una catena, signore.

JUD. Si vuole andare, in sostanza, contro la Società! Contro lo Stato![6]

IL TESTIMONIO MIOPE. Banche, politica, trusts,[7] giornali, industrie: tutte le fila finiscono...

JUD. Parsc!

IL TESTIMONIO MIOPE. ...nella mano di Kurz. La colpa è sua.

JUD. Voi, poi, che ne sapete?

IL TESTIMONIO MIOPE. Ci ho lavorato, là dentro. Il signor Kurz... lo conosco abbastanza. Lui firmava, io ero lí, avrei potuto contargli quei pochi capelli. (*Con altra voce*) Forse non c'è nessuno che lo conosca come me.

JUD. Una grande figura! Un vero padre! Un colosso!

IL TESTIMONIO MIOPE (*stridulo*) Non fatevi delle idee romantiche, signore. Un uomo con delle qualità mediocri, e delle pillole digestive sulla tovaglia. Tiratelo appena fuori da quelle quattro cifre e sentirete.[8] Soltanto...

PARSC. Soltanto?

IL TESTIMONIO MIOPE (*con altra voce*) Lui vi guardava... e bisognava far sempre quel che voleva lui. Cercava le parole, dando gli ordini: era una specie di mania, si provava un malessere. Parole esatte, sempre. Vi garantisco, un incubo. Le sillabava un po'. Lo imitavo persino, ho fatto male.

BERT (*eccitato*) Eccellenza, ma allora... Hanno trovato il responsabile, pare?

UNO DEL PUBBLICO. È un sollievo per tutti.

L'USCIERE (*autorevole*) Anche per noi.

IL TESTIMONIO MIOPE. Siamo stati insieme molti anni. Ero un ragazzo; un po' gracile... Non l'ho mai visto avere compassione, di nessuno. Non si stancava mai. (*Abbassando la voce*) Anzi, forse provava, non so, un piacere orribile... sentendosi cosí esatto, padrone... Sempre piú perfetto, piú presto. Sudava leggermente, qui, alla radice del naso. Quelle mani, pallide, quasi azzurre, che capovolgevano la matita... sempre cosí, cosí, cosí. C'era da impazzire, capite? (*Abbassando la voce*) Dovreste interrogarlo. Andare in fondo.[9]

BERT. Eccellenza, è chiarissimo, il responsabile è Kurz.

GAUCKER. Bisognerebbe davvero sentirlo, Eccellenza; levarsi questo pensiero...

IL TESTIMONIO MIOPE. Non è questione solo dei morti e di quegli altri, mi spiego? Noi, noi! Ha schiacciato anche noi... Noi crediamo... d'essere vivi... ma forse...

JUD. Frasi! Frasi![10]

IL TESTIMONIO MIOPE. Anche voi, sapete, signor giudice! Tutti. Senza nemmeno avvedersene, giú, tutti giú, nel torchio! Numeri. Il rendimento, signore.

BERT (*con improvvisa violenza*) Deve venire anche Kurz, qua davanti, Eccellenza.

GIUSEPPETTI. Sissignore, anche Kurz!

VOCI NELL'AULA. Sí, sí, Kurz! Anche lui!

PARSC (*supplichevole, a Goetz*) Signor Accusatore...

GOETZ. Bisogna dare la sentenza, quest'oggi.

PARSC. Gustavo Kurz. Sia citato.[11]

L'USCIERE. È già qui, il signor Kurz.

PARSC (*turbato*) Come? Chi l'ha chiamato?

L'USCIERE. Io no di certo!

Tutti si voltano in silenzio. Si è aperta una porta, vi è apparso un uomo vecchio dall'aria molto malata: il signor Kurz.[12]

PARSC (*dopo un momento, un po' stupito*) Sareste voi, il signor Kurz?

KURZ (*fa cenno di sì; ha un forte affanno*)

PARSC. È stato fatto il vostro nome. Vi si accusa.

KURZ. E... di che?

PARSC. Vi si accusa di aver causato la morte di alcuni uomini. Vi si accusa anche di avere usato e costretto ad usare una spietata durezza sulle persone che vivono in questa città ed in altre. Si dice che le vostre... (*si interrompe un attimo, per guardargliele*) le vostre mani abbiano composto e stretto ogni giorno piú crudelmente, come devo dirvi? una specie di enorme torchio da uva, mi capite, nel quale spremete senza requie il sangue e la vita di un gran numero di uomini.

KURZ. E... chi è... che mi accusa?

PARSC. Un uomo qui presente, che dice di conoscervi bene.

KURZ (*cercando con gli occhi*) Sei stato tu, Guido? Dove sei?

Si forma un largo di gente,[1] *resta scoperto il testimonio miope.*

PARSC. Lo conoscete?

KURZ. Certo... signore... È mio figlio.

Si ode un mormorio seguito da un silenzio; i due uomini sono rimasti soli, nel mezzo.

KURZ PADRE (*pacato, affettuoso e col respiro mozzo dall'affanno*) Dunque è proprio vero, Guido, mi odii? (*Pausa*) Sin da bambino, no?

KURZ FIGLIO (*a testa bassa*) C'è stata un'ombra, su me. Sono cresciuto all'ombra.

KURZ PADRE. Mi somigli tanto, sai Guido? Forse per questo mi odii. (*Toccandosi sul cuore*) Anche, qui, questo piccolo... piccolo scompenso, vedrai, fra un po' di tempo. Tutto come me.

KURZ FIGLIO. Sí. Come te. Ci sei riuscito.

KURZ PADRE. Ti ho fatto... molto male, Guido?

KURZ FIGLIO. Mi hai spezzato in due, papà. Il piú gran male l'hai fatto a me, piú che a tutti.

KURZ PADRE. Sarò stato un po' aspro...[2] credevo... di fare il tuo bene.

KURZ FIGLIO (*quasi con un grido*) Paura! A me, a tutti! Mi hai sempre fatto paura.

KURZ PADRE (*come assorto*) Forse... hai ragione... L'ho capito... in questi giorni... Non ho saputo farmi voler bene.[3]

KURZ FIGLIO (*con esasperazione crescente*) Anche a mia mamma, paura.

KURZ PADRE. Anche lei... tutti, ho fatto infelici?

KURZ FIGLIO. Mia mamma, questi qua, tutti! Numeri, sí. Mi hai oscurato la vita. Io ero un bambino...

KURZ PADRE. Eh già. Una volta giocavi. Ti toccai sui capelli... Tu ti tirasti indietro. Ti guastai il gioco.

KURZ FIGLIO. Io non ti ho mica chiesto... di venire al mondo! D'essere cosí!

KURZ PADRE. Eh già. I figli.

KURZ FIGLIO. Vorrei distruggere tutto! Sono malato, sto male!

KURZ PADRE (*come distratto, lontano*) Sta male. Dice sempre che è colpa mia, che abbiamo fatto male a metterlo al mondo... che lo abbiamo soffocato...

KURZ FIGLIO (*quasi piangendo*) Sono sempre stato malato, nessuno mi vuol credere! Vorrei morire!

KURZ PADRE (*fra sé*) Vuole morire... Io ho fatto tanto; e lui... Che cosa strana, strana!

PARSC (*a Kurz figlio*) È questo, l'uomo di cui ci avete parlato? È diverso.

KURZ FIGLIO (*un po' inquieto*) C'è qualche cosa?[4] È successo qualche cosa, papà?

KURZ PADRE. Da due o tre giorni sto un po' cosí.

PARSC. Riconoscete d'essere responsabile?

KURZ PADRE (*rialzandosi un po'*) Vi farei un vero favore, no? Che sollievo per tutti! (*Fa cenno di no*) No, no. Troppo semplice. Séguita.

PARSC. E cioè?

KURZ PADRE (*fa cenno di tacere, si ode il fragore del traffico*) Séguita. Le lampade, si sono accese, come sempre... Gli ingranaggi, i convogli... Il torchio: sí. Séguita. Rendimento; piú presto... (*Con altra voce*) Soltanto... al secondo piano, lassú, non ci sono mica piú io... No, no. (*Gli viene da ridere*)

PARSC. Che volete dire?

KURZ PADRE. Un altro. (*Si asciuga il sudore*) Non ero piú nella pienezza...[5] Non hanno mica torto. Anche le idee: un po' antiquate: mentre invece bisogna... perfezionare... piú presto... Ci vogliono i giovani. I figli! Corri, Guido. Lui ha studiato a fondo il sistema...[6] (*Gli viene da ridere*) Vedete già come si è fatto attento? Sarà terribile, lui. Sempre piú presto, piú presto...

PARSC. Ma allora? La colpa?

KURZ PADRE. C'è. C'è. Ma non è mica mia, caro signore. (*Indicando il figlio*) Nemmeno sua, povero figlio. Un torchio, sí; ma hanno torchiato anche me, caro signore. Mi hanno ridotto bene, andate là.[7] (*Si guarda le mani*) Io non potrei tener su... ecco, nemmeno questo. (*Lascia cadere il fazzoletto, lo saluta*) Addio. Nulla era mio... Addio. Addio. (*Si volge per tornar via*)

Un silenzio.

PARSC (*lentamente, guardandosi intorno*) E il responsabile, allora? Il responsabile?

KURZ PADRE (*voltandosi inopinatamente, con l'indice teso, e quasi soffocato dalla veemenza e dal rancore, mentre tutti indietreggiano*) Voi! Siete stati voialtri a calcarci giú nella terra: a me e a quegli altri! Voi! Avete tutti molta fretta, no? Una fretta terribile... Vi ho guardato dall'alto, ho visto il movimento. Vorreste che il vostro tempo crescesse: un po' di piú! Piú giorni! Piú sangue dentro! Piú presto! Piú vita! (*Volgendosi al pubblico del teatro*) Eccoli là, neri, piccoli, tanti... Eccoli i denti dell'ingranaggio, Eccellenza. I vecchi, poi, quelli ci pensano i figli, a schiacciarli.[8] Voi. Voi.

PARSC. Noi?

KURZ PADRE (*fuori di sé*) Certo, Eccellenza. Anche voi, la sera della frana, per esempio, chi sa che facevate, ben nutrito, tranquillo, col sigaro... Voi, tutti! Siete voi, i responsabili! Voi! Tutti quanti![9]

IL SIGNORE DAL VESTITO LUCIDO (*che s'era fatto avanti con la sua carta, assai impressionato nel vedere che il vecchio ha puntato l'indice anche su di lui*) Io... son qua per sbaglio, signore...

KURZ PADRE. Sí, sí, anche voi!

IL SIGNORE DAL VESTITO LUCIDO (*impressionato, confuso*) Impiegato... in pianta stabile,[10] signore. Sostegno di famiglia.[11] Con tante spese... Anche disgrazie... Guardate qua, voglio proprio far vedere... (*Si torce per far vedere gomiti e pantaloni lucidi e rattoppati*)

Qualcuno si mette a ridere. Scoppia una risata generale.

IL SIGNORE DAL VESTITO LUCIDO (*si interrompe, sorpreso; prima fa bocca da ridere anche lui, vuol celiare*) Abbiamo i gomiti proprio brillanti![12] Eh eh! Brillanti! Eh eh! Brill... lanti... (*Gli comincia a tremare il mento e si mette a piangere; si fa un silenzio*) Tante disgrazie... Sempre lavorare... Abbiamo una casa cosí fre... fredda... Mai una sod... disfazione... Quel po' di ma... manzo... E poi... E poi... Oh, signore, che colpa volete che abbia?[13]

Un silenzio.

PARSC (*pallido, con una certa solennità*) Signor Accusatore, che altro ci impone il nostro dovere? Noi abbiamo indagato, cercato fino in fondo. Il nostro dovere non ci può chiedere di piú.

GAUCKER (*interrompendolo*) Ma noi... Eccellenza, noi non possiamo restare cosí! Ora noi ci troviamo... come se fossimo in un buio, di notte...

PARSC (*quasi supplichevole*) Abbiamo fatto quel che potevamo, signore...

GOETZ (*pacato*) C'è ancora qualche altra cosa, Parsc.

GAUCKER (*quasi aggressivo*) Certo. Non siete il giudice, voi?

PARSC (*passandosi una mano sul volto*) Sono io, il giudice. Sono io.

GOETZ (*implacabile, indicando verso la porta*) C'è ancora qualche cosa. Quei testimoni, ricordate?

PARSC (*con angoscia*) Si dovrà pur trovare... qualche altro mezzo...

GOETZ (*indicando sempre*) Credo che non ci sia piú altro. Dovrebbero essere molto informati.

PARSC. Qua si perde la testa.

GOETZ (*come sopra*) Sono là. È un po' che aspettano. Bisogna dare la sentenza, stasera.

PARSC. Io non sto troppo bene...

GOETZ (*come sopra*) Sono là. (*Un silenzio*)

PARSC. Quei tre. Quei tre testimoni. Che entrino.

Un silenzio.

L'USCIERE (*spalanca la porta*)

SCENA TERZA

Si vedono, fuori, stretti gli uni agli altri, i tre testimoni, due uomini e una donna,[1] *vestiti poveramente, dagli abiti e i volti come sbiaditi.*

GAUCKER (*d'un tratto, rauco*) Dio mio. Ma questi... (*Si passa la mano sul volto*) Sono loro!

PARSC (*turbato*) Chi loro? Cosa credete, adesso?

GAUCKER. Loro! Li riconosco benissimo.

BERT (*passandosi la mano sul volto, col gesto di Gaucker*) Dio mio. Aspettate! Chiudete!

PARSC (*eccitato*) Ma no, ma no! Che cosa succede? È inaudito!

BERT. Presto! Chiudete... (*S'interrompe*)

GAUCKER (*pallido*) No, Bert. Sentiamoli. Loro... sanno tutto.

Un silenzio.

PARSC (*fa cenno ai tre*)

I TRE (*avanzano incertamente*)

PARSC (*a voce non alta*) Voi siete... Aiello... Nasca...

LA VECCHIA SORDA (*in mezzo al pubblico*) Carmelo! Carmeluccio![2]

I TRE (*guardano come attoniti, sempre quasi appoggiati gli uni agli altri; Nasca ogni tanto torna a pulire un punto della sua veste, come se vi fosse una macchia*)[3]

PARSC. Non è vero? Nasca, Aiello, Imparato...

I TRE (*dànno idea di gente che si sforzi di ricordare con pena*)

PARSC (*sommessamente, con grande dolcezza*) Noi vi abbiamo chiamato perché siamo... in un impiccio. Si vorrebbe chiarire questa questione... Voi potete aiutarci, dovete essere informati. Che c'è?

AIELLO (*articolando con difficoltà*) Ma noi...

PARSC. Cercate, cercate di ricordarvi...

AIELLO (*con umiltà puerile*) Siamo... siamo tutti malvestiti... In disordine...

NASCA (*strofinando la sua macchia*) Non vuole andar via. È infangato.

GIUSEPPETTI (*con un grido*) Confesso! Sono stato io! Confesso. Confesso! Tutto! Confesso!

PARSC (*tremante, a Goetz*) Sentite? C'è lui, lí, che confessa. Non occorre piú altro, direi. Tutto resta chiarito...

GOETZ (*impassibile*) Credo che occorra andare in fondo, sentirli.

Torna il silenzio.

I TRE (*impauriti dalle grida, hanno indietreggiato, sempre stretti insieme, come se volessero tornar via*)

PARSC (*con voce sempre piú dolce e amorevole*) No, no, non abbiate paura... (*Suggerendo*) Il raccordo Nord... I lavori... ricordatevi. Tutta quella terra... Di notte... Sí, era freddo, pioveva... Voi avete lavorato, lo so; avevate tanto bisogno... Non importa, se siete un po' infangati... Sappiamo tante cose... Che c'è?

AIELLO (*s'è messo a gemere come un bambino*)

PARSC (*con profonda dolcezza*) No, no, non fate cosí. Voi, Aiello, forse vi fa dispiacere perché noialtri[4] non ce ne ricordavamo, di voi? Perché noi non ci ricordavamo neanche il vostro nome? Certo, avete ragione. Voi avete lavorato tanto, e noialtri nemmeno ci ricordavamo. Siamo stati cattivi; ma ora siamo pentiti. Ora non ce lo scorderemo piú, il vostro nome, Aiello, mai piú. Che c'è? Che volete farmi vedere?

AIELLO (*quasi piange, fa vedere qualche cosa*)

PARSC. I biscotti. Sicuro. I vostri sessanta centesimi di biscotti. Li avevate comperati per fare un po' festa, perché era carnevale,[5] sí. Ve li hanno guastati, non è vero? Con la benzina, uno scherzo. Ma ora sono pentiti, ora abbiamo tanto rimorso, dolore, se sapeste...

BERT (*d'un tratto*) Carmeluccio! Carmeluccio! Sono stato io! Hai ragione. Guardami, Carmeluccio. (*Si morde una mano per non piangere*) Anche l'acqua, la frana... Sono stato io, signor giudice. La colpa è mia.

PARSC (*ai tre, indicando Bert e Gaucker*) Guardateli. Li riconoscete? Ora non vi faranno piú scherzi. Gaucker non vi sgriderà piú... Sono pentiti. Potete parlare: la colpa è loro? È di Bert, qui, il motorista?

AIELLO (*crolla la testa, facendo cenno di no*)

PARSC. Nemmeno lui? Ma allora... (*A Nasca ed Imparato*) Voi, ditelo voi: chi è stato che v'ha fatto del male? È colpa loro?

I TRE. No... No...

BERT. Hanno detto... di no?

GIUSEPPETTI. Che non abbiamo colpa?

PARSC (*con sgomento*) Ma allora... i responsabili! Chi sono? Dove sono? (*Con collera*) Nessuno? Evvia.[6] (*A Goetz*) Non rammentano! Non sanno. Signor Accusatore, che ci sia in tutto questo qualche cosa di truce, brutto, è innegabile; bisognerà bene che ci sia[7] un responsabile, che ci sia un innocente. Se no tutto va all'aria, è finita.

GAUCKER (*supplichevole, ai tre*) La colpa! Ora voialtri lo dovete sapere! Ditecelo, per carità! Il responsabile! (*Si interrompe*)

NASCA (*s'è messa a piagnucolare*)

GAUCKER. Ecco. Sí. Dite. Chi è?

NASCA. Io... Io...

PARSC. Voi?

NASCA. Io.

PARSC. Vediamo un po'. (*A Goetz*) Dice che la colpa è sua. (*A Nasca, con voce grave e amorevole*) Camminavate sotto la pioggia, vero?[8]

NASCA (*fa cenno di sí*)

PARSC (*con dolce rispetto e compatimento*) Dove eravate stata, prima, che cosa avevate fatto, lo so.

NASCA (*si vergogna, cerca di coprirsi il volto col bavero del golf*)[9]

PARSC (*fa un gesto di carezza*) Tutto questo è passato. Non vergognatevi piú. Ma io so anche che voi avevate tanto freddo, eravate tanto stanca, zuppa di pioggia, è vero?

NASCA (*fa cenno di sí*)

PARSC. Vi siete accostata, laggiú, al braciere, per asciugarvi un momento, di nascosto...

NASCA (*fa cenno di sí*)

PARSC. Non altro. E allora? Che colpa volete avere, povera Nasca?

NASCA (*balbettando, con accento leggermente dialettale*) Ma io... Bravo signore, io prima... stavo a servizio... capite?

PARSC. A servizio. E cosí?

NASCA. Sapete, sbagliai, signore. Da anni e anni io sono una... una donna cosí. Sono stata pure... (*con vergogna*) ammalata...

PARSC. Ammalata...

NASCA. Mi vergognavo tanto, signore.

PARSC. Ma questo...

NASCA. Allora quella sera pioveva tanto e Nasca pensò: oh, sarebbe meglio che finisse tutto. Allora... (*Come vedendo la frana e riparandosi col braccio*) La terra. (*Cominciando a piangere*) La colpa è mia, perché ho fatto tante cose brutte, signore, guardate qua, tutta inzaccherata, infangata, ecco cos'è. Lo so, che è colpa mia... (*Con voce atona, e col solito gesto*) Non vuole andar via, signore.

PARSC (*furioso, urlando*) Ma no! Ma no! È una pazzia! Non c'è il minimo nesso!

    Scoppia un vero tumulto.

GIUSEPPETTI (*fuori di sé*) Siamo poveri stracci. Ecco la nostra colpa.

IL CANCELLIERE (*fuori di sé*) Siamo poveri diavoli! Poveri diavoli! Ci vuol altro![10]

LA SIGNORA ANNA (*accennando a Gaucker*) Ha lavorato tanto, Eccellenza. Ha stentato sempre.

BERT. Guardate qua, che mani.

GIUSEPPETTI. Eccellenza: la fame. Abbiamo patito la fame.

GOETZ (*imperioso*) Parsc, la sentenza! È ora.

AIELLO (*mostrando i suoi biscotti*) I biscotti! I biscotti!

NASCA (*sempre pulendosi la gonna*) Non vuole andar via, signore.

Un silenzio.

GOETZ (*con voce sempre piú imperiosa*) Parsc! Consigliere Parsc, la sentenza. Che cosa aspettiamo, ormai? Comincia un po' di disordine. Abbiamo trivellato fino al fondo. Piú in là non è possibile. Àlzati, Parsc, bisogna dare la sentenza, dichiarare il responsabile.

PARSC (*un po' smarrito*) Non c'è piú altro da fare.

GOETZ. Àlzati.

PARSC (*si alza incertamente*)

GOETZ. È tuo dovere.

Si fa un silenzio.

PARSC (*raccoglie sul tavolo dei fogli, si prepara a leggere*) Dunque, vediamo un po'. « In nome di Dio, secondo la legge... la legge dello Stato, e secondo il libero convincimento... convincimento...» (*Esita, posa sul tavolo i fogli, si toglie la toga; pacato, all'Accusatore*) Signor Accusatore, che io resti fulminato,[11] se pronuncio questa sentenza.

GOETZ (*con gravità*) Che cosa fate, signor consigliere?

PARSC. Signor Goetz, ho da dirvi una cosa curiosa: che, forse, a tutto questo, in tanti anni, non ci ho creduto mai. (*Respinge da sé sul tavolo le carte, i codici legati di rosso*)[12]

GOETZ. Vi rendete conto?

PARSC (*con esasperazione crescente*) Altroché! Vi dirò: io sono stato un egoista, un porco, un gaudente... Anzi, no, caro signore, la mia vita è stata tetra. Tutte le notti, a letto, sentivo il rubinetto del cortile, la pendola... Pensavo al cordone della tenda, avrei voluto uccidermi, caro signore! Sono stato infelicissimo, solo. Io credevo... credevo di credere a tante belle cose, tiravo avanti.[13] (*Frenetico*) Niente, caro signore. Non credevo a nulla! Non lo so nemmeno io perché mi trovo qui con queste carabattole davanti. La giustizia, la legge... Sono stanco, caro signore, di fare il pagliaccio qua sopra.[14] (*A Gaucker*) Voi, voi: chi è stato che vi ha macchiato la faccia? (*A Goetz*) Eccole, le vostre cartacce. (*Butta via dal tavolo carte e codici che si sparpagliano a terra*) Scrivetela voi, la sentenza. Lo volete sapere che c'è? Che è una gran confusione, una gran porcheria, una vigliaccheria...[15] (*Si interrompe*)

> *Gli astanti han fatto largo intorno alle carte cadute, guardano in silenzio ora quelle, ora il giudice.*

GAUCKER. E noi?

PARSC. Niente. Al diavolo.

BERT. Liberi? Andiamo via?

PARSC. Andate via sí, al diavolo, come volete voi.

GAUCKER. Finisce tutto cosí? Non si conclude nulla?

PARSC. Lo volete capire che sono tutte pagliacciate?[16] Uno scherzo. Eccola qua, la conclusione di tutto. Uno scherzo.

> *Un silenzio.*

GAUCKER (*d'un tratto scoppia in una gran risata, ride a lungo*) Ah, ah! Benissimo! Splendido! Noialtri adesso si prende il cappello...[17] Annina, andiamo a cena, l'hai preparata la zuppa? Tutto uguale, capito?[18] Non c'è né dare né avere, quello che è stato è stato, buonanotte...[19] (*D'un tratto, quasi minaccioso*) Non è mica possibile, Eccellenza. Noi non possiamo rimanere cosí.

PARSC. Nemmeno questo vi va?[20]

GAUCKER (*gridando*) Eccellenza! Piuttosto condannati! Perdere tutto... finire la vita! Io volevo ammazzarmi, Eccellenza! Io sono un uomo: voglio sapere...

PARSC. Uno scherzo! V'ho detto che non c'è nulla! Un bel nulla!

BERT. Sicché noi... Tutto quello che s'è stentato da che siamo nati, Eccellenza, tutto per nulla?

GAUCKER. Noi ci siamo rivoltati per notti e notti! Le lacrime! Le lacrime ci hanno abbruciato la faccia, signore, la faccia macchiata! E tutto questo, ora ci vengono a dire: macché, è stata una burla, chi ha avuto ha avuto, s'è fatto per scherzare? No, no. Signor giudice, ne hanno smossa di terra, queste mani![21] Ora non c'è piú nulla? Piú nulla?

AIELLO (*avanzandosi, si china, raccoglie alcune delle carte cadute, le rimette sul tavolo del giudice*) Ma noi... noi abbiamo... portato un peso grosso, signore; vogliamo essere tranquilli.

TUTTI (*confusamente, raccogliendo le carte e i codici caduti, rimettendoli sul tavolo e fra le mani del giudice*) Noi avremo[22] certamente fatto del male, signor giudice. Vogliamo essere puniti.

NASCA (*giungendo le mani*) Signor giudice... bravo signore...

Un silenzio.

GOETZ. Date la sentenza, signor consigliere. (*Pacato*) Lo vedi, Parsc? Non vogliono mica, che tutto, bene e male, tutto sia cancellato come uno sgorbio da una lavagna. Si sono trovati d'accordo, su questo. (*Alzando un po' la voce*) Fruga e fruga, siamo arrivati al nòcciolo, un punto fermo è trovato, siamo salvi. Puoi darla, ora, la tua sentenza.

PARSC (*come tra sé*) Sí, forse posso darla.

GOETZ (*persuasivo*) Sí, Parsc. Adesso sai. Vogliono essere puniti. (*Pausa*) S'accapigliavano, or ora, per districarsi e lasciare nella pece il compagno.[23] Invece no, erano insieme, tutti per una strada.[24] E vogliono essere puniti per poter esser certi che essi vi camminano e che il loro cammino non è invano. (*Agli astanti che man mano si piegano*) È vero? Tu. Vuoi essere punito? Povera vecchia, anche tu?

LA VECCHIA SORDA (*si piega singhiozzando*)

GOETZ (*agli altri*) Tu? Tu?

TUTTI (*si sono piegati*)

GOETZ. Parsc, guarda. Anche io. Anche tu. Tutti. Su, dà la tua sentenza. (*Suggerendo*) Considerato...[25]

PARSC (*lentamente, e come se il suo pensiero gli si chiarisse man mano*) Considerato... che tutti costoro davanti a noi, in questo tribunale ed altrove, molto si sono affannati, impastando un pane[26] assai confuso e scuro... (*Pausa*) Che in questo pane sembra un po' difficile spartire il buono e il cattivo: perché

F

essi, siccome respiravano e camminavano sopra la terra, forse non potevano essere diversi da quelli che sono stati...Considerato...

GOETZ. Avanti!

PARSC. ...che molto essi hanno sofferto, trascinando un carico assai pesante...

GOETZ. Avanti!

PARSC. ...ma che nessuna cosa è ad essi piú cara del loro stesso soffrire... Hanno paura che esso vada perduto...[27] lo sentono, sopra di loro, come una frusta fischiante, che li percuote e tuttavia li accompagna; li ferisce, ma pure li rassicura; e li fa camminare, camminare, verso altre miserie, altri stenti...

GOETZ. Avanti!

PARSC (*con voce tuonante*) Considerato che dunque essi soffrono, ma vogliono soffrire; soffrono quando possiedono la terra e quando la lavorano per altri; quando sono detti buoni, e quando sono detti cattivi, quando oppressero e quando si lasciarono opprimere, quando ingannarono e quando furono ingannati; soffrono, ma vogliono soffrire perché respirano, perché sono uomini, perché vogliono vivere, piangere, sperare, e spingere avanti, avanti il loro carico...

GOETZ. Per questi motivi...

Tutti aspettano immobili, a testa bassa.

PARSC (*stende la mano, prende il codice, lo alza*) Per questi motivi. In nome di Dio; in nome della legge; noi dichiariamo che questi uomini...

GOETZ (*ambiguo*) Su, Parsc. Pronunciala, allora, questa condanna!

PARSC. Noi dichiariamo che questi uomini pronunciarono, pronunciano essi stessi ogni giorno con la loro vita, con la loro pena, la giusta sentenza;[28] trovarono essi stessi la loro certezza. E che forse dalle mani del giudice essi dovranno avere un'altra cosa, piú alta: la pietà. La pietà.

TUTTI (*con voce sommessa*) Pietà... Pietà...

FINE DEL DRAMMA

L'AIUOLA BRUCIATA

Dramma in tre atti

(1951–2)

PERSONAGGI

GIOVANNI
LUISA, sua moglie
ROSA
TOMASO
NICOLA
RANIERO
La voce di un contadino
Inoltre persone che non parlano.

*L'azione si svolge nello spazio di una notte. La scena, uguale
tutti gli atti, rappresenta una stanza mobiliata usualmente ma
di struttura insolita. Molte e larghe porte, specie verso l'esterno,
volte massicce. Al di sopra si vedono cime di monti, coperte di
nevi perenni.*
Ai nostri giorni.

ATTO PRIMO

La stanza è vuota, le porte chiuse. Qualcuno batte dall'esterno.

GIOVANNI (*appare ai gradini inferiori d'una scala; avanza lentamente come se non udisse; siede*)

UNA VOCE (*da fuori*) Signor Giovanni. È arrivato un signore per voi. L'ho accompagnato su, deve parlarvi.

GIOVANNI (*non risponde*)

LA VOCE. Dice che è importante, urgente. (*Altri colpi*)

GIOVANNI (*quietamente*) Spingi, la porta è aperta.

La porta a ovest si socchiude. Un contadino è sulla soglia, dà il passo a un forestiero, si allontana.

Il forestiero, cioè Tomaso, avanza.

GIOVANNI (*dopo un momento*) Non mi aspettavo addirittura una visita.[1]

TOMASO. T'avevamo scritto, piú d'una volta.

GIOVANNI. Ma capitare, tu addirittura![1] Fin quassú.

TOMASO (*sempre con una specie di dolcezza*) Occorreva che fossi io, a parlarti.

GIOVANNI. Dunque cose importanti. Siedi. (*Un silenzio*)

TOMASO. Tu sei rimasto giovane. Stai bene.

GIOVANNI. Sí.

TOMASO. Che hai fatto, questi anni? Sei stato avaro di notizie.

GIOVANNI. Riposo. Villeggiatura.

TOMASO. Questa è la vecchia dogana, adattata?

GIOVANNI. Sí, siamo in alto.

TOMASO. Sarà un po' isolato, specie d'inverno. La canto-niera...[2]

GIOVANNI (*sempre con una specie di noncuranza*) Laggiú. Ma per fortuna la strada è scomoda.

TOMASO. C'è qualcuno, qui con te?

GIOVANNI. Mia moglie.

TOMASO. Bene anche lei?

GIOVANNI. Sí.

TOMASO. Nessun altro?

GIOVANNI. No. (*Un silenzio*)

TOMASO. Hai scelto per risiedervi proprio l'orlo. Fu durante il vecchio governo?

GIOVANNI. Sí. Mi piacque un posticino a due passi[3] dal confine.[4] Ci venivamo d'estate.

TOMASO. Però l'hai conservato anche dopo, col nostro, col tuo governo.

GIOVANNI. Cosa vuoi, il mondo è agitato.

TOMASO. Siamo ai peggiori momenti, non ti pare?

GIOVANNI. Dicono. (*Un silenzio*)

TOMASO. E... il confine?

GIOVANNI (*indica vagamente, senza voltarsi*) Lassú.

TOMASO (*apre la porta a est, guarda*) In che punto?

GIOVANNI. È tutto un prato: da qui sale, da là scende.

TOMASO. Molti fiori.

GIOVANNI. Sí, dura pochi giorni. Si chiama il Pian dei Fiori.[5] Gli stessi fiori di qua e di là.

TOMASO. Però, partono di là, in senso opposto, altri fiumi; altre lingue, altri pareri.

GIOVANNI. È di là che è l'errore. (*Ride brevemente*)

TOMASO. La strada è interrotta?

GIOVANNI (*lo guarda un momento*) Sí, dall'altra guerra.[6]

TOMASO. C'è qualcuno che passa? Clandestini? Contrabbandieri?

GIOVANNI. Non piú.

TOMASO. È pericoloso?

GIOVANNI. I contadini evitano di andarci, a falciare. Solo vento e fiori. (*Fa cenno di ascoltare*) Ecco.

Si sente un suono, quasi un mormorio di folla.

TOMASO. Vento?

GIOVANNI. Sí, tra i rami.

TOMASO. Sembra uno scalpiccío.

GIOVANNI. Sembra uno scalpiccío. In certe stagioni va da qui a là, in certe altre viene da là a qua.

TOMASO. Non passa altro.

GIOVANNI (*indica ancora*) Vento.[7] Poi silenzio. (*Un silenzio*)

TOMASO. È un silenzio illusorio. Due grosse ruote hanno qui, cioè lassú, il loro punto d'attrito. Una metà del mondo contro l'altra. Armi, odio; aria di temporale. La Giùnta dei Consigli[8] si raduna dopodomani, lo saprai.

GIOVANNI. Bevi qualche cosa? (*Prende del liquore e dei bicchieri*)

TOMASO (*generico*) Sai, noi avevamo bisogno di te.

GIOVANNI. Mi pare che questo me l'avevate scritto.

TOMASO. La tua collaborazione ci è veramente mancata.

GIOVANNI. È stato il da fare,[9] che è mancato. Le nostre idee avevano vinto.

TOMASO (*sempre con la sua monotonia spenta ed affabile*) Ed è dopo vinto, purtroppo, che si bisticcia fra amici. Caro Giovanni, quella che ti detronizzò fu una congiuretta; un'altra congiuretta ti avrebbe richiamato. Non dovevi appartarti; e fare il cincinnato.[10] Che ti successe? Un uomo della tua statura. Mancasti di equilibrio, fu un puntiglio. È venuto il momento di riaccostarsi.

GIOVANNI (*vagamente*) No, no, niente puntiglio. Un po' sazio. Saturo.

TOMASO. Non crederai di essere il solo. Gli anni passano per tutti.

GIOVANNI. Sicché, che volete da me? (*Si interrompe*)

SCENA TERZA

Una donna giovane – Luisa – è entrata in silenzio; risponde con un cenno al cenno di saluto di Tomaso; va verso i bicchieri, finisce di disporli, versa il liquore, mette meticolosamente dei tovagliolini.

GIOVANNI (*è rimasto a guardarla; ora le parla con riguardo affettuoso*) Luisa, questo è Tomaso, tu lo conoscevi, a quei tempi. Lui non è proprio al governo, ma è più potente ancora, ci ha fatto un preoccupante onore[1] venendo qui. Se esci, guarda che è fresco.[2]

LUISA. Dici che dovrei prendere un golf?[3]

GIOVANNI. Sí, forse è meglio.

LUISA. Vorrei fare una passeggiatina.

GIOVANNI. Hai ancora un'ora di sole.

LUISA. Ma forse... sarà umido? Dici che è meglio che resti in casa?

GIOVANNI (*leggerissimamente imbarazzato*) Come vuoi, cara. Va bene.

LUISA. Potrei leggere, vero?

GIOVANNI. Sí.

LUISA. Vo di sopra e leggo. Oppure lavoro.

GIOVANNI. Sí.

LUISA. Vicino alla finestra.

GIOVANNI. Sí.

LUISA (*fa a Tomaso un cenno di saluto, esce*)

SCENA QUARTA

GIOVANNI (*tace un lungo momento; torna a voltarsi a Tomaso*) Niente puntiglio; non diedi nessuna importanza al mio scacco.[1] Dovrei tornare?

TOMASO. Ecco, appunto.

GIOVANNI. Naturalmente, naturalmente. Non so se sono ancora all'altezza, io ero soprattutto un oratore, «oratore», e invece ora, in principio, ci sarà un po' di ruggine, qualche contatto nei fili.[2] (*Si interrompe*)

Luisa, nell'interno della casa, ha cominciato a canticchiare sommessamente il ritornello di una antica canzonetta popolare.

GIOVANNI (*continuando*) Niente puntiglio, per carità. Fin troppo civilizzato: portato al lato ironico. Basta una goccia per inacidire una botte. (*Comincia istintivamente ad accennare anche lui il medesimo motivo*) Naturalmente, naturalmente, siamo sempre qui, se è per la Causa. La causa. Questo vocabolo esprime diversi concetti. Il guaio è quando la Causa ha vinto e si mette a sedere. La pace stinge le vernici ai condottieri.[3] (*Ride, canticchia*) Eh, cosa vuoi, il mondo è ingrato: non gli piace che lo si copra di premure e gli si stia addosso.[4] (*Beve un sorso*) Anche tu, per esempio, hai in mano le leve. La tecnica ha unificato i comandi. Sembri piccolo e sei un gigante.

TOMASO (*continua ad osservarlo in silenzio*)

GIOVANNI (*continuando*) In conclusione un bel mattone sull'erba la prima cosa che fa è di schiacciarla. Si crede di fargli dei favori, alla gente,[5] poi scopri che l'hai offesa. (*Un silenzio*)

TOMASO. E invece di te la gente si ricorda molto, sai? Sí. Il potere a noi ci ha impicciolito, e a te questa specie di esilio ha giovato. Sei tu il gigante. Tu non lo sai, ma il tuo nome ora vola.

GIOVANNI. Si parla di me?

TOMASO. Sí.

GIOVANNI. E che dicono?

TOMASO. Sei quasi una leggenda.

GIOVANNI (*dopo un silenzio*) Mi volevano bene?

TOMASO. Ti vogliono bene.

GIOVANNI. Ora sí, allora no.

TOMASO. Forse anche allora.

GIOVANNI «Forse.» Cioè?

TOMASO. Ti ammiravano.

GIOVANNI. Però mi eliminarono.

TOMASO. Appunto; troppa statura; troppo in luce. Io per esempio non ho mai colpito; nessuno mi riconosce, per strada.

GIOVANNI. Come, troppa statura? Un po' oppressivo.

TOMASO. No, persuasivo. Un carattere. Lasciavi poco spazio intorno a te. Ci anchilosavi un po'.

GIOVANNI. Costringevo.

TOMASO (*fa cenno di no*) Ottenevi.[6]

GIOVANNI (*ironico*) Un dominatore.

TOMASO. No. Cortese... e ostinato. E anche furbo. Ben separato dalle crudeltà. La rivoluzione rischiava d'essere tua, di portare il tuo profilo come una moneta.

GIOVANNI. In conclusione mi si amava molto mediocremente.

TOMASO (*un po' ironico*) Adorato dalle folle.

GIOVANNI. Sí, parlavo bene. (*Sorride*) Pensi che io fossi un avvelenatore? Secondo te quelli che mi sentivano, andavano via un po' piú felici o un po' meno?

TOMASO. Il tuo piedistallo è proprio questo: che la gente ti ricorda come un essere benigno. Non so se era esatto. Ci sarà stata anche un po' di retorica, ma i tuoi discorsi erano speranza, pace, fraternità.

GIOVANNI. Però dopo averli sentiti, andavano a tirare dei sassi. Una certa parte delle mie parole restava evidentemente inassimilata. E come mai solo ora vi ricordate di me?

TOMASO. Perché prima non servivi. (*Citando, leggerissimamente ironico*) «Le sue vaste ali gli impediscono di camminare».[7] La politica è retrobottega: i suoi grossi fatti sono la somma di molti momenti piccoli; troppo piccoli per i grandi uomini.

GIOVANNI. E ora?

TOMASO. ...è l'ora per te di rientrare in scena. La storia. Ottimo burattinaio, essa sceglie i suoi burattini con un tempismo perfetto. La metafora non ha nulla d'irrispettoso per te; né per me. È ora, che tu sei una carta.[8] Si ha bisogno dell'uomo che gridava fraternità, pace. Tutto va a posto; da sé. È arrivato il momento di giocarti.

GIOVANNI. E in che modo?

TOMASO (*lo guarda un momento*) Si vorrebbe da te... soprattutto... un consiglio.

GIOVANNI (*con un riso distratto*) Tu sei venuto a imbrogliarmi. Ma io... (*Si interrompe*) Ma io... (*Si volta verso le scale*)

Il sommesso canticchiare di Luisa è cessato.

GIOVANNI (*verso l'interno*) Luisa. Che c'è?

LUISA (*appare sulle scale*)

GIOVANNI. Volevi dirmi qualche cosa?

LUISA (*indica fuori*) Scusa, Giovanni, laggiú, sotto gli alberi...

Volevo avvertirti che c'è un gruppo di gente, laggiú. Come se
stessero nascosti.
GIOVANNI (*s'affaccia a guardare; a Luisa*) Vado a vedere.
(*Si volta a Tomaso*) Sicché siete venuti da me in parecchi.
Allora è proprio vero che vi servo. (*Esce*)

SCENA QUINTA

LUISA (*a Tomaso*) L'avete trovato cambiato?
TOMASO. Perché?
LUISA (*dopo un attimo*) Non credo che potrà esservi utile. (*Un
silenzio*)
TOMASO (*avvicinandosi*) In che senso?
LUISA. Oh, non vorrebbe parlarne, lui. Lui non ve l'ha detto.
TOMASO. Che cosa?
LUISA. Il motivo. Vero.
TOMASO. Di che?
LUISA. Di tutto. Se noi siamo qui, se lui è cambiato. Gli avete
visto le tempie, qui? Povero Giovanni, lui è fortissimo, non lo
dà a vedere.[1] Volevo appunto avvertirvi. Non credo che lui
possa tornare a voi.
TOMASO (*le si avvicina; cautamente*) Voi dite che esisterebbero delle difficoltà, e che noi, ora, non possiamo contare su
Giovanni?
LUISA. Giovanni, deve in un certo senso... risolvere un'altra
questione.
TOMASO. Cioè?
LUISA. Nostro figlio.
TOMASO. Non sta bene?
LUISA. No.
TOMASO. È qui?
LUISA. No. È morto.
TOMASO. Ah, scusate. Ora ricordo.
LUISA. La verità è che anche allora tenemmo il fatto riservato.[2]
TOMASO. Ma sono anni.
LUISA. Sí.

TOMASO. E quale sarebbe, la difficoltà?

LUISA. Ancora non siamo riusciti a dare... una sistemazione.

TOMASO. A che cosa?

LUISA. Alla disgrazia.

TOMASO (*con prudenza*) Già, fu una disgrazia. Non l'ho molto presente.

LUISA. Ora avrebbe quasi venti anni. Anche voi lo pensate, che Giovanni fa male a rimanere quassú, vero?[3]

TOMASO. Certamente.

LUISA. A Guido... —nostro figlio si chiamava Guido,[4] in questi casi non si sa se dire: si chiamava oppure si chiama... —a Guido piaceva tanto quassú. Da bambino faceva delle piccole case, toccava qua e là... con le sue mani... che via via crescevano, è come se ci fosse rimasto tiepido, qua e là. Mio marito è un grande uomo, vero?

TOMASO. Oh sí.

LUISA. Io l'ho sempre amato e ammirato tanto. Guido poi lo idolatrava. Dicevo che mio marito è un ragionatore, una mente logica, gli riesce difficile[5] fare a meno di un motivo.

TOMASO. Motivo di che?

LUISA. Della disgrazia. Effettivamente sembra che ci sia un che di irregolare,[6] nel fatto che un ragazzo... cosí vivo, e anche bellino, capelli castani, pelle fine, aveva quindici anni, tanto intelligente... fa impressione che invece da un momento all'altro tutto ciò... finisca. E questo per puro caso: disgrazia. Senza motivo; senza un addentellato, cosí, dal nulla. Una mente logica, è naturale che provi un disagio, e cerchi, non è vero?

TOMASO. Sí, naturalmente.

LUISA. Ma cercare che cosa? Disgrazie ne capitano tante; e di nessuna c'è una ragione.[7]

TOMASO. E sarebbe su questo punto che Giovanni...

LUISA. Sí. Forse sono anche io che contribuisco... mentre dovrei... Mio marito mi ha tante premure, piú di prima. Io non saprei vivere, senza di lui. (*Abbassando la voce e accennando verso un passo che si avvicina*) Non credo che possiate utilizzarlo. (*Torna verso le scale, si ferma*)

SCENA SESTA

GIOVANNI (*entra senza vedere la moglie; guarda Tomaso sorridendo*) Ho visto che c'è anche Raniero, sta salendo. E parecchia altra gente. Cos'è, vi convocate quassú? Mi rendete un po' vanitoso... (*Seguendo lo sguardo di Tomaso vede la moglie*)

LUISA (*gli fa un sorriso, riprende a salire, esce*)

GIOVANNI (*tornando a Tomaso e continuando*) ...mi rendete un po' vanitoso, se è per me. (*Breve pausa*) Mia moglie ti ha parlato?

TOMASO. Sí.

GIOVANNI. Ti ha accennato.

TOMASO. Sí.

GIOVANNI. Purtroppo Luisa è ancora sotto l'impressione.[1]

TOMASO. Avevate solo quel figlio.

GIOVANNI. Già.

TOMASO (*cercando di scandagliare*) Forse l'avrò visto anche io.

GIOVANNI. Probabile. A tutti i miei discorsi c'era un ragazzino, dietro di me, su una sedia, composto.

TOMASO. Era lui?

GIOVANNI. Sí, Guido. Bel concetto si sarà fatto, di suo padre. Scusami, che t'ha detto Luisa?

TOMASO. Bè, sai...

GIOVANNI (*tace un momento*) L'inconveniente è che mia moglie lo vide, il ragazzo, dopo.

TOMASO. Era...

GIOVANNI. Sí, un po' rovinato.

TOMASO. Un investimento?

GIOVANNI. Eh? Sí, sí. Cosí, all'improvviso.

TOMASO (*prudentemente*) Ne succedono ogni giorno. Il gran traffico.[2]

GIOVANNI. Sí. Ruote. Una distruzione cosí rapida, completa, di un essere...

TOMASO. Soprattutto è tua moglie, che...

GIOVANNI. ...ripensa.

TOMASO. Che cosa... vorrebbe?

GIOVANNI (*sta un attimo muto*) In principio non voleva che lo portassero via... Poi non ne parlò piú. E poi una sera, mentre leggevamo tranquillamente, il caminetto era acceso... lei alzò la testa... e mi fece una domanda.

TOMASO. Sul fatto?

GIOVANNI. Sí. Io risposi. Da allora ogni tanto torniamo sull'argomento. Luisa ha riscavato dei particolari addirittura minimi, mille, mille, particolari.

TOMASO. Ma a quale scopo?

SCENA SETTIMA

LUISA. Per rendermi conto; per ragionarci un po'. (*È riapparsa da qualche momento sulle scale*) Povero Giovanni, lo tormento sempre. Giovanni, perché hai detto che fu un investimento?

GIOVANNI. Cosí. Per semplificare. (*A Tomaso*) Investimento o altro, è lo stesso, investimento è la disgrazia tipo.[1]

LUISA. Nostro figlio cadde dalla finestra di casa nostra. Noi eravamo usciti quella sera.

GIOVANNI. Lui aveva preferito restare in casa, a leggere.

LUISA. Scusa, Giovanni, non ti accennò quale libro?

GIOVANNI (*dolcemente*) Te l'ho detto, è un punto che non ricordo.

LUISA. Povero Giovanni.

GIOVANNI. Ma no, cara, è naturale che si voglia sapere.

LUISA (*a Tomaso*) Perché effettivamente il libro aperto fu trovato. Ma poi, purtroppo, subito corse gente, toccarono, mossero...

GIOVANNI. ...confusero un po'.

LUISA. Sí. Insomma noi quella notte, quando tornammo a casa... trovammo...

GIOVANNI. Cara, non credo che questo a Tomaso interessi.

LUISA. Ma forse anche lui, Tomaso, può dirci la sua idea; la sua interpretazione. (*A Tomaso*) Tornammo...

GIOVANNI (*proseguendo, a occhi bassi, col tono di uno che legge una pagina per la ventesima volta*) ...entrammo. Luisa trovò il letto vuoto. Percorse la casa. Non c'era. Poi sentii che Luisa aveva aperto la porta delle scale e correva giú. Io la chiamai. «Luisa! Luisa, che c'è?» (*Con altra voce*) Luisa, che pensasti? Perché corresti?

LUISA (*non risponde*)

GIOVANNI. Quando arrivai giú anche io... (*fa un gesto che chiude*)

LUISA. Digli tutto.

GIOVANNI. Nel cortile c'era un'aiuola. Ora non piú colti-vata.[2] Luisa era arrivata prima di me, stava lí, al buio, a guardare qualche cosa nell'aiuola. (*Un silenzio*)

LUISA (*a Tomaso*) Noi avevamo chiuso[3] la porta, capite? È stato questo. È per questo che noi seguitiamo a pensarci. La porta dell'appartamento. (*A Giovanni*) Diglielo.

GIOVANNI. Sí. (*Sempre con quel tono*) Quando avevamo lasciato Guido ed eravamo usciti, io...

LUISA. ...o forse anche io...

GIOVANNI. No, no, lo sai bene che non sei stata tu. Fui io. Detti un giro di chiave all'uscio dell'appartamento. Non c'è niente... di male, in questo. Un gesto istintivo, per abitudine, ordine.

LUISA. Certo, certo.

GIOVANNI. Niente che possa essere biasimato. Io sono sem-pre stato molto ordinato. O forse un impulso di tutela, di protezione, dato che il nostro Guido rimaneva in casa.

LUISA (*suggerendo*) Digli della finestra.

GIOVANNI. Sí. Avevo chiuso, uscendo, anche la finestra delle scale. Fui ancora io. Senza rendermene conto. Perché non battesse, in caso di vento.

LUISA (*a occhi bassi*) Purtroppo successe che Guido... Le sigarette!

GIOVANNI. Era rimasto senza sigarette. Nessuna sigaretta fu trovata né in tasca a Guido né in casa.

LUISA. Gli piaceva; una sigaretta, non ne faceva a meno.

GIOVANNI. E cosí fu imprudente. Volle uscire per com-perarne...

LUISA. ...trovò chiusa la porta...

GIOVANNI. ...volle passare per la finestra, percorrendo un piccolo cornicione.

LUISA. ...ma anche la finestra delle scale...

GIOVANNI. ...sí, era chiusa. Dovette tornare indietro. A metà, sul cornicione, trovammo il segno, la traccia, dove... dove gli era smancato il piede.

LUISA (*un po' fissa*) Il grido.

GIOVANNI (*con una specie di docilità*) Domandammo, in seguito, se qualcuno aveva sentito... il grido.

LUISA. Qualcuno aveva sentito, ma non avevano dato peso.

GIOVANNI (*sorridendo, a Tomaso*) La verità è che per lei... e anche per me, sarebbe un sollievo trovare che esiste da parte di qualcuno o di qualche cosa... anche una piccolissima minima responsabilità.[4] Tutto sembrerebbe piú regolare, vero?

Sulla porta esterna sono apparsi, inavvertiti, un uomo, e leggermente indietro, una ragazza. Solo Tomaso li ha visti, con un lieve cenno li ferma lí.

GIOVANNI (*continuando*) ...e invece responsabilità è quando si vuole, apposta... e qui responsabilità non ce n'è proprio... (*sorride*) quasi direi: non ce n'è purtroppo. È cosí cara. (*Con un fremito di impazienza*) È cosí. (*Di nuovo dolcemente*) È cosí.

LUISA. Sí. (*A Tomaso*) Lui è sempre cosí persuasivo, resistente; una vera montagna. Mi rassicura tanto, sentirlo, la voce! (*Va verso le scale; torna a volgersi a Tomaso*) Il guaio è che io... (*sorride*) mi faccio il teatro in testa.[5] Sí, è un passatempo; non posso farne a meno. Quando non ho niente da fare, mi diverto a figurarmi... (*tace; ci ripensa*) ...che la cosa non sia successa. Bastava un nulla: la porta non chiusa, oppure la finestra aperta. E cosí Guido gira per le stanze, canticchiando... aveva sempre questo motivo... (*accenna la canzonetta di poco prima*) ...però va tutto bene. E cosí Guido è cresciuto. Non è qui, ma perché è all'università e non può lasciare; oppure si è fidanzato e non osa venircelo a dire; oppure è trattenuto al confine. Mi diverto a immaginare. Del resto molti fanno questo, e si figurano minutamente... Però io addirittura parlo, Giovanni mi sgrida. Parlo con Giovanni come se davvero Guido fosse in

viaggio e dovesse arrivare, è una recita.[6] Forse è un po' mor-
boso... ma io sono perfettamente consapevole. Povero Giovanni.
(*D'un tratto*) Per esempio io gli dico: (*con assoluta naturalezza*)
Giovanni, ma questa settimana perché non ha scritto?
GIOVANNI (*con persuasiva tranquillità*) Luisa sai bene che
Guido non potrà mai più scriverci.
LUISA. Oh lo so, ma credi che lo sbrigheranno, lassú al
confine?
GIOVANNI. Guido non è trattenuto al confine, lo sai. Pur-
troppo è morto.
LUISA. Lo so, lo so. (*A Tomaso, indicando*) Questo non è
Guido che chiama dal valico? (*Si è udito un mormorio di vento*)
GIOVANNI. Non ti fa bene, Luisa, insistere in queste fan-
tasticherie.
LUISA (*a Tomaso*) Ma è innocuo, vero?, perché io so benissimo
che è solo un perditempo. (*Sorride*) Oh Giovanni, spero che
non mi manderai al manicomio.
GIOVANNI. Cara, non dovresti dirlo nemmeno per scherzo.[7]
LUISA. Scusa.
GIOVANNI. Soprattutto, se è un puro perditempo, dovresti
smettere.
LUISA. Già.[8] (*S'avvia ancora verso le scale, ancora una volta
torna indietro*) Giovanni, sai che ho scoperto? Non te l'ho mai
detto, finora. Ho scoperto che non è un puro perditempo.
(*Pausa*) La cosa viene da questo: che io sento un po' di rimorso.

*Una certa agitazione sembra entrare nella stanza. Forse è solo
il mormorio del vento.*

GIOVANNI. Rimorso! E a che proposito?[9] Noi abbiamo
esaminato infinite volte...
LUISA. No, no, non a proposito del fatto. Prima. La vita di
Guido fu cosí breve. (*A Tomaso*) E a me, ora, pensandoci, mi
è venuta l'idea, che noi, in quel breve tempo, non l'abbiamo
reso... cosí felice come avremmo dovuto.
GIOVANNI (*con animazione*) Ma è un'idea... assurda, scusa.
Ti basi su qualche elemento?[10]
LUISA. No, no. M'è venuta cosí.

G

GIOVANNI (*c.s.*)[11] Ti dirò che è il preciso contrario. Forse nessun ragazzo è stato circondato[12] come Guido. Persino troppo. È vero questo?

LUISA. Sí, indubbiamente.

GIOVANNI (*a Tomaso*) Idolatrato, salvaguardato, cure, attenzioni. Non gli mancava assolutamente nulla di ciò che un ragazzo di quindici anni può desiderare. (*A Luisa*) Vero?

LUISA. Sí, sí.

GIOVANNI. Sempre al nostro fianco, con noi; fu lui quella sera a non volere uscire. Una vita-orologio, salubre in tutti i sensi, uno specchio...

LUISA. Sí, sí, non c'è dubbio...

GIOVANNI (*con voce che torna man mano dominante, tranquilla*) Vedi, anche io ho riflettuto: lo viziavamo persino. Luisa, sai qual'è la verità? Che sempre, a proposito dei morti, il nostro pensiero si fa degli scrupoli e si crea dei rimorsi—dal nulla—immagina che lui ci abbia guardato in un certo modo, che noi avremmo dovuto dirgli chi sa che cosa...

LUISA. Sí, ma che cosa?

GIOVANNI. Appunto, è un'illusione. Forse io ero un po' severo, con lui?

LUISA. No, no, al contrario.

GIOVANNI. Il mio sguardo non lo lasciava mai. E forse lo sguardo di chi ama pesa un po', lega. Ma anche rincuora, riscalda.

LUISA. Oh, certo.

GIOVANNI. Noi facemmo per lui tutto ciò che occorreva. (*A Tomaso*) Naturalmente crescendo, il ragazzo si era un pochino chiuso.[13] Meno chiassoso, meno infantile. Ma questo è in tutti i ragazzi, è la crescenza.

LUISA. Oh certo. Sarebbe bene che venisse lui a spiegarci, ma lo trattengono al valico.

GIOVANNI. E anzi, era allegro. Istruito, precoce, sapeva come stanno le cose. Ma era allegro. È stato felice.

LUISA. Sí, sí. Forse io, l'ultima sera... oh se avessi saputo (*con uno strappo nella voce*) avrei potuto essere... piú espansiva, avrei potuto... abbracciarlo stretto, stretto, stretto... (*ha un singhiozzo, si avvia per le scale*) coprirlo di tenerezza, tenerlo stretto, stretto, stretto... (*ha un singhiozzo, sta uscendo*) e invece mi sono sempre trattenuta, perché si ha vergogna...[14] (*è uscita*)

Il giorno si avvia alla sera, la luce si raccoglie sulle vette.

SCENA OTTAVA

GIOVANNI (*con voce padroneggiata e asciugandosi un po' di sudore dalle mani*) Sí, si ha vergogna di mostrarsi tanto affettuosi... o di sentirsi tanto amati. E forse anche Guido... (*ripete*) Guido. (*Con leggera impreveduta esasperazione*) Guido. (*Di nuovo tranquillo*) Guido. (*Agli astanti e al nuovo venuto*) Vi domando mille scuse. Oh, buon giorno, Raniero. Sei venuto tu pure. Cari amici, sí, è stato bene che abbiate sentito. Cosí a quest'ora avete capito benissimo per quale complesso di motivi io... io sono doppiamente lieto, sí, sarò molto lieto di cambiare un po' e riprendere... riprendere il mio posto, il mio lavoro, accanto a voi. Magari non subito, non ora.

TOMASO. E perché non ora?

GIOVANNI. Non ora.

TOMASO (*fa cenno a Raniero di avanzare, avanza e siede lui stesso*) C'è qualche nesso, che a noi sfugge, tra le nostre questioni politiche e la scomparsa[1] di tuo figlio?

GIOVANNI. Eh? No. Per carità. Che c'entra?

TOMASO. Te l'ho chiesto per pura forma. Per esaurire l'argomento di tuo figlio. Purtroppo contro i fatti, una volta successi, dicono che non c'è nulla. Rinvangare non serve. E nel frattempo, poi, gira gira,[2] tutto va a posto, da sé.

GIOVANNI (*breve pausa*) Oh, indubbiamente. E io infatti ho intenzione di riprendere prestissimo... i miei contatti con voi. Sí, vi farò sapere. Perbacco, è mio dovere. In sostanza siamo d'accordo. (*Pausa*) Guardate che se volete riessere al paese prima di buio, vi conviene mettervi in strada. (*Un silenzio*)

RANIERO (*con una specie di dolcezza*) Vedi, noi non siamo venuti con l'intenzione di tornar via subito.

GIOVANNI (*guarda Tomaso*)

TOMASO. Sí. Prima dobbiamo fare qualche cosa; qui. (*Esita*

un momento) Ecco, Giovanni, ti prego di attribuire parecchia importanza a ciò che ora ti dirò. Siedi.

GIOVANNI (*siede*)

TOMASO (*con semplicità*) Sicuro, Giovanni, è chiaro che tu sei stato un po' assorbito da tuoi casi personali. Però il mondo ha continuato. Che cosa dicevamo prima? Che a mezzo miglio di qui è il punto d'attrito di due grosse ruote. Due nuvole, nere, cariche; in attesa del primo fulmine. Pare proprio che ci siamo,[3] questione quasi di ore, siamo venuti su con una certa fretta. La Giunta si raduna dopo domani, c'è molta ansietà. O la decisione è dilatoria, e forse è il peggio: attrito eternizzato, distruzione lenta. Oppure taglio netto, conflitto. Alcuni se lo augurano, anche la catastrofe offre degli utili[4] e ha degli appaltatori. Oppure...

RANIERO. ...l'accordo.

TOMASO. L'accordo. (*Breve pausa*) Ora alcune persone, dei nostri e dei loro, di qua e di là dal confine, hanno pensato questo: di forzare la mano ai due governi nel senso buono,[5] finché si è in tempo. L'atto scavalca i poteri ufficiali. I quali, in questa fase, devono ignorarlo e anzi, impedirlo, con ogni mezzo. Sicché i preparativi hanno arieggiato la congiura, e questo ti spieghi. È concordato che un gruppo di uomini «grossi» si muoverà da questa parte e un altro simile dall'altra.

RANIERO (*si alza, accende la luce*)

TOMASO. Cammineranno l'uno verso l'altro su questi prati. L'imponenza dello scenario contribuirà a colpire le fantasie. Dei giornalisti, già convocati, assisteranno da lontano. Quei due gruppi si avvicineranno, si stringeranno la mano, caveranno di tasca un bravo foglio di proposizioni, porranno le basi di un'intesa. Alcuni pensano che una pacificazione sia una guerra rimandata, non condivido. Dopo un'ora la notizia correrà i continenti; si spera che piegherà i governi; i quali in realtà non chiedono di meglio. Si tratta di un onesto tentativo.[6] In caso di successo, forse è la pace. Caso contrario, tutto resta uguale, forse personalmente avremo dei guai. Deploro di non avere agio per spiegarti piú ampiamente.

GIOVANNI. Le proposizioni sono già stabilite?

TOMASO. Si può sempre tornarci su.[7]

GIOVANNI. Che dicono?

TOMASO. Tesi generiche, per un accordo di massima.

GIOVANNI (*riflette*) Come mai un accordo con l'errore?

TOMASO. Può darsi che l'errore non sia tutto di là.

GIOVANNI. Sto cercando dov'è la manovra.[8]

TOMASO. Manovre non sono pensabili. È un incontro: voluto anche dagli altri.

GIOVANNI. Le guardie, le nostre e le loro, non spareranno?

RANIERO. Degli amici si sono interessati.

GIOVANNI. L'incontro è lassú?

TOMASO. Sí. Ogni punto del confine serviva. Qui si è piú difesi dalle indiscrezioni. E poi tu abitavi qui.

GIOVANNI. E perché io?

TOMASO. Tu, con noi. L'avvenimento porterà il tuo nome.

GIOVANNI. Mi dareste un tale piedistallo?

TOMASO. Tu sei il solo ad avere dalla tua[9] la leggenda. Occorreva un uomo che veramente pesasse.

GIOVANNI. Quando?

TOMASO. Domani. È l'ultimo giorno utile.

GIOVANNI. Cosí tardi, vi siete mossi?

TOMASO. Per prevenire contromisure.

GIOVANNI. E questo strano modo di cercarmi? È proprio all'ultimo che mi scegliete. Persino offensivo.

TOMASO. E infatti non ti abbiamo scelto noi. È divertente come davvero tutto va a posto da sé. Effettivamente l'incarico spettava non a te, ma all'uomo che ti soppiantò: (*con leggerezza*) il tuo antico avversario, Nicola.

RANIERO. Nicola sta molto male, è agli estremi.

TOMASO. Non è nella possibilità,[10] morirebbe. Si era sperato fino a ieri. Si vede che toccava a te. È molto piú importante del tuo caso personale. I ragazzi muoiono e il mondo seguita. (*Con dimessa noncuranza, indicando come verso un panorama*) Il mondo. In ogni angolo v'è qualcuno che traffica, brontola. In realtà camminano tutti. Devi metterti alla loro testa e condurli lassú, affinché ognuno di essi sia piú felice, nei limiti del possibile. Sveglia, Giovanni.

GIOVANNI. Sentite, non sarebbe lo stesso, senza di me?

TOMASO (*sempre con quella affabilità*) No. È già stato disposto tutto, siamo venuti da te in ultimo. E poi anche tua moglie: sarà contenta di chiudere un doloroso capitolo.

GIOVANNI. Dicevo solo... è sicuro che la faccenda mi riguardi?

TOMASO (*dimessamente semplice*) Vedi, un capopopolo è un uomo che lavora accanto a una lampada. Lui è piccolo. (*Indica l'ombra di Giovanni*) ...ma la sua ombra è lunga. Conseguenze, responsabilità. Non si esce da tutto ciò come da una stanza d'albergo. Cinque anni riposano qualunque stanchezza. La cambiale è in scadenza.[11] Hai chiesto parecchio, a quel tempo, eri esigente. È onesto che tu ne paghi il prezzo.

GIOVANNI. Obblighi in realtà, non ne assunsi. Facevate voi. Io ne ero fuori.

TOMASO (*riflette un momento, si alza, chiama con un cenno la ragazza che finora ha atteso fuori della soglia*)

SCENA NONA

LA RAGAZZA (*entra; è bella, molto giovane, con grossi occhiali*)

RANIERO (*accende ancora una lampada*)

TOMASO. Cara Rosa,[1] il vostro malato è necessario qui, vi prego di andarlo a prendere. Prima, aspettate. (*Indicandole Giovanni*) Lo conoscete?

ROSA. Certo. Tutti lo ricordano con gratitudine.

TOMASO. Lui invece non vi conosce. (*A Giovanni*) Questa graziosa ragazza è orfana; la rivoluzione l'ha adottata. È il nostro fiore. Anche a lei si deve gratitudine. Forse noi non avremmo vinto senza... (*Alla ragazza*) Dite.

ROSA. ...senza il sacrificio di mio padre. Mio padre era l'uomo piú buono e rispettato. Lo chiamavano Pane.

TOMASO. Dite.

ROSA. Andò il sei luglio col popolo davanti all'ex ministero, sulla piazza. Si udí un colpo. Mio padre cadde. Ora queste cose non avvengono piú. I nostri nemici lo avevano freddamente ucciso. La sua morte riuscí utile:[2] fu la scintilla. Egli era cosí benvoluto, benché umile operaio! (*A voce bassa*) Io spero di compiere azioni di cui lui sia contento. (*Un silenzio*)

GIOVANNI (*ha abbassato gli occhi*) Voi siete la figlia di Andrea il fornaio?

ROSA. Sí.

GIOVANNI. Che sentimenti avete per gli uccisori di vostro padre?

ROSA. Li ho perdonati. Non ho mai voluto odiarli. (*Si volta, esce*)

SCENA DECIMA

TOMASO (*seguendola con lo sguardo*) Angelo innocente e fedele! È infermiera. Come rimarrebbe[1] se sapesse...

GIOVANNI. Non fu ordine mio.

TOMASO. ...se sapesse che quel colpo non lo spararono gli altri, lo sparammo noi. Noi avevamo bisogno di un morto. Un qualsiasi morto, sulla piazza, anzi sulla bilancia, perché traboccasse. Toccò ad Andrea il fornaio.

GIOVANNI. Non fui io a dare l'ordine.

RANIERO. Giovanni, ora non sei onesto.

TOMASO. Tu rimanesti sulle generali:[2] è lo stile degli apostoli. Dicesti che ti occorreva un incidente, la parola è pulita. Ma poi il fatto è insanguinato...

RANIERO (*con bonomia, allontanandosi*) Troppo comodo sedere avanti a una bella tovaglia, fingendo di ignorare ciò che accade in cucina. (*Esce*)

TOMASO. Del resto una vita d'uomo è un piccolo prezzo, bisogna che il carro passi. Quella decisione fu ottima. Dovemmo prenderne parecchie: io, tu, Raniero; e Nicola. Se noi siamo qui, oggi, tu ne dividi il merito. Fra poco arriverà anche Nicola.

GIOVANNI. Nicola? Non era malato?

TOMASO. Viene a rischio della vita.

GIOVANNI. Andrea morto, Nicola morente. Strana riunione.

TOMASO. È l'Esecutivo che si aduna e delibera con procedura d'urgenza. Estromette Nicola, come inidoneo, su proposta e con voto di Nicola medesimo; elegge te al suo posto;

nomina[3] il Comitato per l'Incontro; io e Raniero, te presidente. Abbiamo l'intiera notte. (*Guardando*) Ecco il nostro Nicola.

SCENA UNDICESIMA

Un gruppo sta entrando; vi è un uomo anziano, Nicola, i cui passi e modi lo fanno sembrare più vecchio del vero;[1] si appoggia da una parte a uno sconosciuto e dall'altra a Rosa; un po' dietro è Raniero.

ROSA (*a Nicola, facendogli scendere il gradino*) Cosí. Non abbiate paura.

NICOLA (*docile*) Sí. Sí. (*Si ferma, ansimando, guarda Tomaso e Giovanni*) Sto molto meglio.

ROSA. Sedete. (*Lo fa sedere, aiutata dallo sconosciuto, che subito esce*)

NICOLA (*a Rosa*) Mi hai lasciato solo un'eternità.

ROSA. Non è stata colpa mia. (*Agli altri, orgogliosa*) Non mangia nemmeno, se io non sono lí. (*A Nicola*) Bravo, come facevate, prima? E come farete[2] quando sarete guarito, e ve ne andrete pei fatti vostri?

GIOVANNI. Ciao Nicola. Poco bene?

NICOLA. Il cuore, un piccolo collasso. Il dottore mi ha trovato meglio. Sono qui per te, lo saprai. Ora sono amico di tutti, non sono piú nemico né tuo né di nessuno. Del resto io ti ho sempre ammirato. (*Indica Rosa*) Questa è la mia martire, la mia innamorata. Rosa adorabile, Rosa preziosa, Rosa virtuosa... La mia taumaturga, il mio vero medico.

ROSA. Non dovete parlare tanto.

TOMASO. Ora potete lasciarlo.

NICOLA. Vorrei, se è possibile... che rimanesse qui. Non darà fastidio. Per esempio là fuori. Non udrà nulla. Nessuna persona è piú sicura di lei.

ROSA (*fa un passo avanti*) Quando io sono vicina, il signor Nicola è molto piú sollevato.

TOMASO (*guarda in silenzio Nicola*)

NICOLA (*dopo un momento*) No, non si può, Rosa. Va pure.

Qui c'è riunione; durerà poco. Io mi sento bene. Non allontanarti troppo.

TOMASO (*a Rosa*) Vi richiamerò io stesso. (*A Luisa, che s'è affacciata*) Devo pregare anche voi, signora. Siamo obbligati ad essere un po' formalisti. Non sarà lungo.

ROSA (*va in silenzio verso la porta, di qui si volta*) Vorrei, prima, dire... (*Avanza di un passo o due*) Signor Tomaso, signor Giovanni, credo che sia mio dovere...C'è qualche cosa che dovrei...

NICOLA (*premurosamente*) Ma sei ostinata, cara. Cerchi tutte le scuse, per rimanere. Va, va. Sto benissimo. Va. (*Un silenzio*)

ROSA (*s'inoltra sul prato, esce dalla vista*)

LUISA (*si ritrae*)

TOMASO (*segue con l'occhio le due donne finché non sono uscite, poi siede*) La seduta è aperta.

Tutti siedono.

NICOLA (*a Giovanni*) Sarai contento,[3] eh? Sei sempre stato fortunato. Devo cederti il posto. Un piccolo malore, dieci giorni fa. Avevo lavorato troppo... non sapevo di lavorare per te. Mi assicurano che non arriverei lassú. Mah. Tu sei l'uomo piú adatto. Io sono completamente d'accordo con Tomaso, su tutto. L'onore sarà tuo.

GIOVANNI (*si alza*) Ho una dichiarazione da fare. Non è per stanchezza se io... se io rifiuto quest'incarico. Il vero motivo è che le mie idee sono cambiate. (*Breve pausa*) Credo che noi finora abbiamo sbagliato.

Un silenzio.

TOMASO (*tranquillo*) Bene. Sentiamo.

FINE DEL PRIMO ATTO

ATTO SECONDO

SCENA PRIMA

È notte, stelle sulle montagne. Tomaso, Raniero, Nicola, seduti, stanno ascoltando Giovanni.

GIOVANNI (*nervoso e ridendo*) Perché ho cambiato idea? Perché ho cambiato idea. Non è facile dire. Varî motivi. Per esempio, ecco, i discorsi: mi facevano male i discorsi.

RANIERO. Cioè?

GIOVANNI. Disturbi. Certo, ne sentivo troppi, discorsi: quelli degli altri, e anche i miei: registrati; è istruttivo. Ero o non ero un guidatore di popolo? La vita di un guidatore eccetera è una vita di discorsi. Alti concetti. (*Come in segreto*) Mi avevano un po' cotto la bocca.[1] E poi quei gesti... (*Imita gesti oratorî*) Mi si era stancato il braccio. (*Ride*) Amici, io scherzo, si sa bene che ogni discorso è una recita. Chissà Guido cosa pensò, alla lunga, i ragazzi sono esigenti. Me lo tiravo sempre dietro, pensavo di utilizzarlo, di farmene un continuatore. Era anche lui che voleva sentirmi... (*Breve pausa; ride; si tocca l'orecchio*) Ma soprattutto qui: disturbi uditivi. Quella melopea.[2] (*Imita, insieme al gesto, la cantilena di un oratore*) Teté-tetéte... teté-tetéte... Solenne. Ma piú che solenne, rammaricata; amareggiata. Teté-tetéte. Teté-tetéte... Ma che mai gli sarà successo, a quel signore! (*Come rispondendo*) Nulla. Magari lui è allegro. È la voce: la voce a uso collettivo è sempre arrabbiata.[3] Sinistra. Con un amico si può discorrere. Con mille, chi sa perché, viene su qualche cosa, da giú, dal sottofondo, un che di lugubre, diciamo profetico: teté-tetéte... (*Ride*) Disturbi uditivi.

RANIERO. Giovanni.

GIOVANNI. Lo so, non sono serio. Deplorevole, date le circostanze. Ma le faccie? Neanche le faccie mi piacevano. Oh nemmeno a voi, lo so: ciò che muove il guidatore di popolo a cercare di cambiare la gente è che la gente cosí com'è, gli ripugna. Comunque sia, brutte faccie. Le mie parole gli si assimilavano o no, in proporzione precisa al veleno che contenevano. Perché trovavano l'humus.[4] Una riserva di malumore in sospensione. Astio; astio cosí, in generale. (*Ride*) Bè, cari amici, provate a fare due passi:[5] guardatela, la gente. Se si urtano si fulminerebbero. (*Ride*) Pieni di bile. Fiati da carnivoro. Odiano anche nei giochi. Mia moglie: dopo la disgrazia non voleva vedermi. Speriamo che ora... Ma dappertutto: i mariti sono ironici con le mogli, i figli coi padri...

RANIERO. Anche tu ora lo sei.

GIOVANNI. Parlo come l'epoca.

RANIERO. E tutte queste, allora, sono accuse non a noi: all'epoca.

GIOVANNI. Ma l'epoca siamo noi a firmarla. È un'epoca in cui ognuno ha bisogno di avere un'antipatia e di curarsela come una piantina di fiori.[6] (*Ride*) E allora...

RANIERO. E allora?

GIOVANNI. ...per smuovere la gente e tirarcela dietro, non c'è che un modo: dirgli[7] che lí, dove sta, sta male; è conculcata; è misera. Ma perché? Perché c'è qualcuno cattivo. Per essere felici ci vuole sempre una certa cosa; che non sta dentro, sta fuori; che si può prendere, traslocare: un pacchetto. Se a noi manca è evidente che qualcuno ce l'ha rubato. Un pacchetto: vederne uno qualsiasi in mano altrui, è un morso al cuore. (*Ride*) Morso permanente. Ma scusate, io sto sconclusionando, e voi? Mi state a sentire come angeli. Quasi mi spaventereste.

RANIERO (*quasi affabilmente*) Noi supponiamo che tu abbia da dire altre cose, piú serie. E stai cercando di venirci.

GIOVANNI. Forse è cosí.

TOMASO (*alza il viso, che teneva appoggiato a una mano*) Ad ogni modo ti seguiamo con interesse, sai?

GIOVANNI (*stupefatto*) Perdio, Tomaso. Che succede?

TOMASO. Succede che noi abbiamo deciso di accordarci coi nostri avversari. Perché anche noi, evidentemente, abbiamo cessato dal trovare le nostre idee tutte giuste e le idee degli altri tutte sbagliate.

GIOVANNI (*con un ghignetto*) Dici sul serio?

TOMASO. ...discutibili le une e le altre. Discutibili tutte. Si tratta di trovare lo spunto che domani, lassú, possa cominciare a creare un'intesa... fra noi e quelli là.

GIOVANNI (*quasi cantando*) Noi e quelli là, noi e quelli là. (*Ride*) Tomaso, sai il mio dubbio? Che noi e quelli là, in sostanza... si sia la stessa cosa.[8] Per questo litighiamo, è concorrenza.

RANIERO (*sempre con una specie di deferenza*) La stessa cosa in che senso?

GIOVANNI (*ride*) Capi, tranelli, metodi, intanto, si somigliano molto. Di qua e di là c'è la Causa. La Causa. Brevetto sublime; celeste unguento.

RANIERO (*con strana pazienza*) Cioè.

GIOVANNI. Scavalca tutto. Uccidere: non c'è piú dazio.[9] Di là e di qua. Anche noi, io pel primo: riguardi ne abbiamo avuti pochi... (*Si interrompe*)

UNO SCONOSCIUTO (*entra, va a parlare piano a Tomaso, esce a un cenno di questi*)

GIOVANNI (*riprendendo*) ...trucchi ne abbiamo combinati parecchi. (*Ironico*) Decisione, sicuro. Salve, uomini ferrei, si dice cosí, ferrei. Stasera vi vedo uniti. O mi sbaglio?

RANIERO. Stiamo a sentirti.

GIOVANNI. Insomma, è esigente, la causa. E io... sono un po' stufo di esserne l'esattore. Se dovessi davvero andarci, al valico, proporrei che i capi fossero costretti a mangiarsi le loro uniformi di gala tagliate a fettine. Costretti soprattutto a chiedere scusa.

RANIERO (*sempre con deferenza*) Caro Giovanni, stai ancora facendo del colore.[10] Che cos'è che vuoi di preciso?

GIOVANNI. Forse non lo so nemmeno io. Faccio il buffone e mi sto vergognando.

RANIERO. Noi dovremmo chiedere scusa a chi?

GIOVANNI. Bè. Agli altri. Alla gente.

RANIERO. Forse noi abbiamo agito qualche volta a vantaggio nostro?

GIOVANNI. No, mai. Nemmeno di là.

RANIERO. È sempre stato per la gente, per gli altri, che noi abbiamo agito e pensato.

GIOVANNI (*brontolando*) E anche quelli là. Lo sbaglio è lo stesso.

RANIERO. E sarebbe?

GIOVANNI. L'hai detto tu. Filantropi, pensiamo troppo per gli altri. Di qua e di là, con sistemi diversi, ci siamo fatti rilasciare delle deleghe.[11] Pensiamo noi a rendere felice la gente. Ed è cosí che la gente, avendo poco da pensare... si annoia. (*Pausa*) ...E poi...

RANIERO. ...e poi?

GIOVANNI (*inseguendo un suo pensiero*) ...i guai di un uomo: finché è lui a pensarci, rimangono... (*alza le spalle*) i guai d'un uomo, gli somigliano. (*Si ferma un attimo*)

Viene, dall'interno della casa, il canticchiare di Luisa.

GIOVANNI (*riprendendo*) Moltiplicati per milioni, diventano... che devono diventare? Tonnellaggio e cubatura. Per forza. Contabilità, casermaggio. Razioni, orari, creolina.

RANIERO. L'errore sarebbe questo?

GIOVANNI (*brontolando*) E perché errore? Sacrosanto. L'organizzazione è questo. (*Breve pausa*) Ma le sciocchezze? Che ne facciamo delle sciocchezze umane? (*Con una esasperazione crescente, che nulla giustifica*) Si tiene poco conto delle sciocchezze. Come se non ci fossero. E invece ci sono.

RANIERO. Cioè?

GIOVANNI. Cioè questi uomini sono pieni di grilli, guai se dovessero raccontarli![12] Pensate, lí, quei miliardi di fili d'erba. Non ce n'è uno uguale all'altro, che razza di ambizione![13] Ognuno aspira a chi sa che, diverge, sbaglia. Le variazioni. Può darsi che le cose riescano a essere diverse perché sbagliate; e che la vera produzione umana siano le sciocchezze.[14] L'uomo è un orto per coltivarle. I figli li fanno anche le pecore, il carretto lo tira anche il cavallo. Ma le sciocchezze non c'è che l'uomo. Sarebbe buffo se le cose piú vere non fossero le tonnellate; se il mondo fosse... uno sterminato albero di sciocchezze; e crescesse, via, via, ogni foglia un'altra sciocchezza, sempre piú straordinarie, su, su, e in cima a tutte ce n'è una... che veramente leva il fiato! E se all'uomo gli occorressero? Come al pesce l'acqua? Noi avremmo dovuto rispettare di piú le sciocchezze.

RANIERO. Ma forse noi eravamo occupati diversamente. Non è proprio da buttar via ciò che abbiamo cercato di dare: sicurezza, benessere...

GIOVANNI. Tenore di vita.

RANIERO. Fuori di questi non so quali possano essere, i compiti di un governo.

TOMASO (*alzando per un momento il viso dalla mano*) E di un padre. Anche tu con tuo figlio, suppongo.

RANIERO. La gente ha dei gusti strani, desidera essere nutrita, vestita, riscaldata, alloggiata...

GIOVANNI. ...disinfettata...

RANIERO. Sono le persone pasciute che ironizzano su questo.

GIOVANNI. E hanno torto. Io divento una tigre, se la stufa, lí, non tira.[15] Riscaldamento; approvvigionamento; ordine, produzione, riproduzione, igiene. L'inconveniente è uno solo...

RANIERO. Finalmente ce lo rivelerai?

GIOVANNI (*lo guarda un momento, alza le spalle; brontolando*) ...che queste sembrano un po' faccende... da allevamento razionale. Siamo un po' alla zootecnia.[16]

RANIERO. Tutto qui?

GIOVANNI. ...criterio veterinario. Si pensa che sia il solo positivo. È un'idea che s'è sparsa, una specie di contagio.

RANIERO. E con questo?

GIOVANNI. Vanitosi come sono, gli uomini sono rimasti male.[17] Gli è piaciuta, ma non completamente, la prospettiva che il progresso è morire, sí, ma piú grassi, piú puliti, meglio vestiti.

RANIERO. Hai una soluzione migliore?

GIOVANNI. No, ma quelli... si sono un po' avviliti. Hai mai visto l'occhio dei bovi?[18] Triste. Bos. Pecus.[19] Non sono piú sicuri di essere importanti. Di qua e di là. Gli manca qualche cosa.

RANIERO. Che cosa?

GIOVANNI (*alza le spalle*) Non lo so neanche io. Ma ciò porta... (*quasi in segreto*) come un malessere. C'è una specie di

epidemia nel mondo. Quando sono insieme non si vede. Piazze
piene, stadî pieni, tutti allegri. Poi tornano a casa; e di nuovo
ognuno ha quell'occhio. Triste. Bos, pecus. Non sa che fare.
Va da una stanza all'altra, fischietta. Non lasciateli soli. Si
sente... stupefatto di esserci; va a specchiarsi, fissa quell'occhio... Non ci crede. Non crede di essere vero, reale. Non
lasciateli soli.

TOMASO (*alzando ancora il viso dalla mano*) I tuoi disappunti
derivano da qualche fatto privato?

GIOVANNI. No. Perchè.

TOMASO. Scusa, pensavo ancora alla morte di tuo figlio.

GIOVANNI (*concitato*) E che c'entra mio figlio!

TOMASO (*cortese*) È stata tua moglie a fare l'ipotesi: che nel
suo breve tempo di vita, tuo figlio non sia stato abbastanza
felice. E io non vorrei che tu attribuissi addirittura a noi una
parte di colpa.

GIOVANNI. No! Ti ho detto di no. È un'altra cosa.

TOMASO. Le tue inquietudini a suo riguardo...

GIOVANNI. Inquietudini! E perché inquietudini? Quali inquietudini? (*Si vince*) Mio figlio fu un ragazzo felice. Non c'è
rapporto coi nostri discorsi. La questione di mio figlio è solo
un uscio: un uscio chiuso sbadatamente. (*Pensa un momento,
alza le spalle*) Del resto io sono il primo a non dare importanza
alle mie chiacchiere. Parlo per parlare.

TOMASO (*si alza*) Purtroppo la notte cammina. E il nostro
passo è in fase esecutiva. Non si può rimandarlo, per trattenerci
in discussioni, anche utili. Tutto ormai è già stato disposto, fra
noi... (*si volta improvvisamente a Nicola*) e Nicola. Anche noi,
con Nicola, avevamo riconosciuto certi nostri errori. Il nostro
passo mirava appunto a uscirne. È un passo che noi e Nicola
siamo decisi a compiere. In ogni modo. Domani.

NICOLA (*si alza a sua volta*) Purtroppo io sto male. Ne chiedo
mille scuse. Non è una figura retorica, sto male. (*Le parole sono
pacàte, ma si indovina che l'uomo si vince appena*) Se io avessi
avuto... una sola possibilità, non avrei rinunciato. Ma non c'era
alternativa. Per essere chiari, mi rifiuto, sí, di costringervi a
portare con voi un cadavere. O a lasciarlo a mezza strada.

Sarebbe imbarazzante. Farebbe una pessima impressione. (*Improvvisamente gridando*) Vi sono dei doveri, caro Giovanni, vi sono dei doveri...

TOMASO. Non cosí, Nicola, ti prego. Non dovresti agitarti.

NICOLA. Non arrivavo a pensare che tanti sforzi potessero... essere messi in pericolo, in ultimo. Se io mi agito, non è... per la mia vita, ciò importa... meno di nulla, ed è giusto...

TOMASO (*tranquillo, a Giovanni*) Il suo stato è effettivamente preoccupante. (*Abbassando la voce*) Direi in bilico. Scusa, Nicola, non è il caso di cerimonie.[20] Ciò ti ha scosso, è comprensibile. Però dovresti controllarti un po'.

NICOLA. Certo, certo. (*Invece la sua voce torna subito eccitata*) Ma io mi rifiuto, ecco, mi rifiuto... formalmente... di assecondare una tale incomprensione! Intendo... denunciarla, parlare! Il mondo saprà... la verità. Vi sono dei giornalisti: lí, sul prato. (*Convulso*) Sta a te,[21] caro Giovanni. Tu che fai tanto il puro, il filantropo. Sta a te. Tuo figlio, tuo figlio; il tuo continuatore. Se fosse qui tuo figlio, bella figura!

TOMASO (*duro*) Basta, Nicola, non occorre. (*Affabile*) Sono sicuro che Giovanni aderisce. (*Piccola pausa*) Le sue obiezioni non potranno davvero esimerlo, dato che noi... (*si volta a Giovanni*) ...Sí, Giovanni, noi ti prendiamo in parola; cioè in sostanza adottiamo i tuoi punti di vista. Sí. Forse ti sorprende. E invece sappi che i tuoi concetti, proprio per quel tanto di vago[22] che è in essi, ci offrono il destro che noi cercavamo: di mettere questo incontro subito in alto, scavalcando i dissidi precisi e arrivando a piani sui quali... ogni brava persona, di qua e di là, non può non essere subito d'accordo. I tuoi criteri...

GIOVANNI. Voialtri li accettate?

TOMASO. Sí. Li accettiamo. In fondo non hanno mai fatto male a nessuno. Formulerai tu stesso i punti. Dirai quel che vorrai, hai una bella occasione. (*Fa un cenno a Raniero*)

RANIERO (*esce*)

TOMASO (*continuando*) Dei giornalisti amici sono effettivamente venuti quassú con noi, spiegherai loro tu stesso.

GIOVANNI. Bene.

TOMASO. Occorre davvero che il mondo sappia. Accettiamo i tuoi concetti. Non si tratta di stringere, ora, un accordo, ma solo di predisporlo. Le tue idee, in fin dei conti, nobilitano il nostro gesto. Dobbiamo essere grati alla malattia di Nicola.

GIOVANNI. Posso parlargli un momento? A Nicola.

TOMASO (*guarda lui, guarda Nicola*) È utile. Nicola in un certo senso deve darti delle consegne.[23] (*A Nicola*) Lui ti sostituisce. (*Pausa*) Non farti stancare. (*Si avvia per uscire, indica un uscio*) Possiamo ricevere là i giornalisti?

GIOVANNI. Sí.

TOMASO. Bene. (*Esce*)

SCENA SECONDA

Giovanni e Nicola si guardano.

NICOLA. Scusami.

GIOVANNI. Di che cosa?

NICOLA. Ciò che t'ho detto.

GIOVANNI. Mi rendo conto. Il cuore?

NICOLA. Sí.

GIOVANNI. Quando è stato?

NICOLA. Pochi giorni.

GIOVANNI. Come fu?

NICOLA. Una corda di strumento che si tronchi.

GIOVANNI. Stavate già combinando l'incontro.

NICOLA. Sí. Forse è stata l'agitazione.

GIOVANNI. Che t'hanno detto?

NICOLA. Che avevo da vivere ancora poco. Giorni. I medici furono precisi.

GIOVANNI. Tomaso ti ha fatto curare?

NICOLA. Sí. Ha pensato lui a tutto.[1] Può darsi che anche io... sopravviva.

GIOVANNI. Come mai Tomaso è tanto arrendevole?

NICOLA. Con chi?

GIOVANNI. Con me.

NICOLA. Non so. (*Un silenzio*)

H

GIOVANNI. Nicola, c'è qualche cosa che io ignoro?

NICOLA (*lo guarda fisso*) No. Giovanni, quale cosa ritieni che mi sia cara, sacra? Io non ho mai creduto che noi si abbia un'anima.[2] Però in questi giorni ci sto pensando. Comunque, io ti giuro, ti giuro, ti giuro su ciò che noi siamo, quel che è, vita, sopravvivenza eterna, ti giuro che non ti nascondo nulla. Tutto sta come ti ho detto. (*Finito di parlare, china improvvisamente la testa*)

GIOVANNI. Sei tu che devi scusarmi.

NICOLA (*sta a testa bassa, bisbiglia*) L'inconveniente è un altro.

GIOVANNI. E cioè?

NICOLA. Credi che io non mi veda? Repulsivo fenomeno. Mostruoso, indecente. Copritemi di sputi.

GIOVANNI. Perché?

NICOLA (*con assoluta semplicità*) Ho paura di morire. Tutto qui. Da che ho saputo, e sono certo, tranquillamente certo... da quel momento io sono... un mucchietto di visceri in agonia. Non ho piú le ginocchia. Non credevo io stesso. Nessuno crede, prima. L'errore è stato di pensarci... pensarci... pensarci. (*Con una specie di candore*) Ho paura, Giovanni. Ho solo paura. (*Con un pallido riso, ansando*) Non c'è piú nulla per me. Dice la mia adorata Rosa... che lei è mia madre, e io... il suo bambino. (*Battendo i denti, con un pallido riso*) Vorrei davvero... balbettare e non sapere altro. (*Come in segreto*) Vorrei... restare vivo: un rimasuglio... rattrappito; ma vivo. E invece basta... un'iniezione sbagliata. Vivere: è già enorme. Non lo capisce nessuno. Glorie, paradisi, tutte storie. Non si è piú nulla! (*Si copre il viso*) Io ho seguitato a pensarci, a pensarci, e cosí...

GIOVANNI (*pensieroso*) Dunque è molto, vivere?

NICOLA. È tutto.

GIOVANNI. E com'è che qualcuno... in certi casi... rinuncia?

NICOLA (*bisbigliando*) Anche io. Vorrei... esserlo già, morto! Subito, subito!

GIOVANNI. E dimmi: a parte il timore, una persona la quale sa che tra poco... che pensa, che fa?

NICOLA. Un conteggio.

GIOVANNI. Di che?

NICOLA. Di quel che ha: per buttar via. Via, via. È poco, sai, quel che vale. Che sterile campo. Pareva tanto ed è nulla. Via, via, purché. . .

GIOVANNI. ...purché ?

NICOLA (*supplichevole*) ...purché ci lascino qualche cosa! Io pensai... Vitra,[3] ci sono nato, un paesetto... con un gatto lí, al sole, mi sanguinò il cuore. Poi mi cadde di mano anche Vitra. E si vorrebbe solo...

GIOVANNI. Che cosa?

NICOLA. Avere qualcuno, lí. Uno che ci capisca sul serio. (*Bisbigliando*) Da fidarsene veramente; per dirgli tutto.

GIOVANNI (*si passa la mano sul volto*) Sí, proprio questo, occorre: dire, spiegarsi...[4] Nicola, prima, con gli altri, non sono stato sincero. E invece... (*gli mette una mano sulla spalla*) devo esserti grato. Mi arriva per tuo mezzo un'occasione... che io desideravo, sai? Desideravo qualche cosa di simile: andare, incontrarmi, gridare... Non ridere.

NICOLA (*un po' chino*) No.

GIOVANNI (*leggermente supplichevole*) Questi anni, quassú, sono stati... tremendi, sai? Mia moglie: qualche volta mi guarda come una nemica. Occorreva uscirne. Respirare, gridare. Se anche è un'illusione, ne ho bisogno, mi capisci?

NICOLA. Sí.

GIOVANNI. Saranno frasi,[5] rideranno di me... (*ride*) ma occorre dirle, una buona volta, le nostre frasi! Parlare! Prima che sia tardi! (*Abbassa un po' la voce*) Mio figlio. Lí fuori. Una sera. Andavamo a passeggio, era buio.

NICOLA. Con tuo figlio?

GIOVANNI. Sí, dopo cena. Buio, grilli. Lo portavo per mano.

NICOLA. Era piccolo.

GIOVANNI. Sí. E d'un tratto disse: «Papà, dove mi porti?»[6] Sentivo la sua mano dentro la mia. (*Ripete, ora con la sua propria espressione*) Papà dove mi porti. Scusa, Nicola, sono sentimentalismi, mai detto a nessuno. Il primo sei tu.

NICOLA. Sí.

GIOVANNI. Ma anche piú piccolo, tante volte mi chiamava...

NICOLA. Tuo figlio.

GIOVANNI. Sí. «Papà. Papà.» E io... è curioso, l'ho capito dopo... alzavo la testa e provavo... una specie di ansietà. Non è che volesse nulla di preciso. «Papà, papà.» Come se avesse chiesto, non so, una spiegazione. Oppure che volesse lui dirmi... (a voce bassissima) ...chi era, che cosa voleva. Ma io non ebbi pazienza, non fui attento; non l'ho mai saputo. È l'unico essere che io abbia amato. Tanto. Nicola.

NICOLA. Sí.

GIOVANNI. L'ultima sera...

NICOLA. La sera in cui...

GIOVANNI. Sí. Stavamo uscendo, io e mia moglie. Mi guardò.

NICOLA. Tuo figlio.

GIOVANNI. Sí. Luisa non lo sa. Mi guardò un attimo, timidamente. Occorreva... accorgersene, capire, rispondere. E invece... (alza le spalle)

NICOLA. Fu una disgrazia.

GIOVANNI. Sí. Morí. E cosí non potemmo piú... spiegarci.[7] (Quasi con un grido) È questo, capisci, è questo che occorre! Tutto il resto conta di meno. Rassicurarci l'un l'altro. Risponderci. Forse tu solo puoi sentirmi senza ridere. Ognuno ha in sé... come se portasse, mettiamo,[8] una bella notizia! Ognuno è... un grandissimo, importantissimo personaggio! (Ride) Eccoli, i punti, da dire lassú! (Come dettando a una folla) Ognuno deve essere persuaso—straccione che sia—di essere tanto tanto, tanto importante! Tutti devono rispettarlo; e ottenere che lui si rispetti. Devono starlo a sentire attentamente. Non stategli troppo addosso, non fategli ombra, ma guardatelo: con deferenza. Dategli grandi, grandi speranze, ne ha bisogno... specie gli elementi giovani. Viziatelo! Sí, fatelo inorgoglire! Tu stesso, Nicola, devi riprendere fiducia. E cosí Luisa, povera Luisa. E io. E tutti.

NICOLA (a bassa voce) Sicché vai.

GIOVANNI. Certo. Perché non potrebbe succedere, o prima o poi, il Disgelo, la Guarigione?

NICOLA (c.s.) E che dirai?

GIOVANNI. Dirò... (*ride; quasi dettando*) Chi dà ordini, si scusi sempre un po' di doverli dare. La parola di ogni uomo è sola, lui nasce solo, muore solo;[9] fategli un po' largo intorno, non intontitelo con questo scalpiccío. Incontrando qualcuno, non pensate: «a che può servirmi costui?» Tanto meno pensatelo se lui deve ubbidirvi. Forse bisogna imparare qual'è il vero modo di amare le persone che amiamo, affinché non perdano il loro orgoglio... (*si interrompe, colpito dall'aspetto dell'altro*) Nicola, che c'è?

NICOLA (*un po' roco*) Giovanni, dopo tutto... era toccato a me.

GIOVANNI (*osservandolo*) Ma tu non potevi. Ormai è deciso.

NICOLA. Giovanni, sai, è un passo difficoltoso.

GIOVANNI (*osservandolo sempre*) Ma perché, che difficoltà? Insomma, che c'è?

NICOLA (*fa per parlare, si interrompe, si volta*)

SCENA TERZA

TOMASO (*è apparso*) I giornalisti. (*Si inoltra ancora; a Giovanni*) Sono qui i giornalisti. Parlerai tu ad essi come d'accordo, esporrai liberamente. Noi saremo presenti. Anche Nicola. (*Si volta verso il fondo*)

Introdotti da Raniero che fa strada,[1] *due signori, provenienti dal prato buio, appaiono, traversano, entrano nella stanza attigua. Luisa s'è affacciata dalle scale, Rosa dall'esterno.*

TOMASO (*fa un cenno deferente a Giovanni, affinché lo preceda*)
GIOVANNI (*segue i giornalisti*)
NICOLA (*fa lo stesso*)
TOMASO (*preparandosi lui pure a seguirli, si volta a Rosa*) Voi che cosa volete? Il vostro malato vi sarà reso prestissimo.

ROSA (*ansiosa*) Ma io... era sempre perché... sapete, volevo prima...

TOMASO (*avviandosi*) Vorrete dopo. Pazientate un momento. (*Entra anche lui nella stanza attigua*)

ROSA (*a Luisa, indicando*) Che credete che facciano, là dentro?

LUISA. Credo che decidano.

ROSA. Che cosa?

LUISA (*sempre fissa alla stanza attigua*) Non so di preciso. C'erano parecchie questioni in sospeso. E io credo che stanotte si concludono, si risolvono. È un sollievo. Non si poteva seguitare così.

ROSA. Che cosa intendete? Che cos'è che si conclude?

LUISA (*c.s.*) Tutto.

ROSA. È necessario che io, prima, riferisca una certa circostanza.

LUISA (*si volta a guardarla*) A chi?

ROSA. Credo a vostro marito.

LUISA. Che circostanza?

ROSA. Un'inezia, forse. Ma mi fa stare in ansia. Non vorrei ci fosse un pericolo.

LUISA. Chi riguarda?

ROSA. Tutti, ma specialmente quel malato, Nicola. Mi hanno ordinato essi di non perderlo d'occhio. Devo pensare io, a lui.

LUISA. È un vostro parente?

ROSA. No. Lo conobbi quando lo portarono.

LUISA. Dove?

ROSA. Alla clinica. Io alzai gli occhi per caso. Tre gli stavano intorno: dottori. Ma lui... stava guardando me. Eppure non mi conosceva. Quello era un uomo molto spaventato.

LUISA. Da che cosa?

ROSA. Sapete i malati. Supplicano, sono furbi. Supplicano soprattutto il loro male. Quell'uomo invece... fra quei tre... guardava me, fisso, zitto. Era strano. (*Abbassa la voce*) Come se gridasse: «Tu, aiuto. Tu, aiuto.» Mi faceva battere il cuore.

LUISA. Perché l'hanno portato qui?

ROSA. Non so. Poi nella notte mi svegliai. Eravamo soli. E lui, dal letto, mi stava guardando: «Tu, aiuto. Tu, aiuto.» E allora io...

LUISA (*attratta*) ...allora voi...

ROSA. Ecco. Sapete i bambini che giocano in riva al pantano. E il fratellino casca giú. E allora la sorellina si getta. E annega anche lei: perché non sa nuotare. E perché dunque s'è gettata? (*Piccola pausa*) Perché il fratellino l'ha guardata. «Oh aiuto! Oh ti prego! Oh l'acqua nera mi inghiotte! Oh mucio, non abbandonarmi.» E allora la sorellina non permette.

LUISA. Che cosa?

ROSA. Che il bambino si creda abbandonato. Io presi una mano a quell'uomo. Era per dirgli che stesse tranquillo. (*Ride*) Lui ora si fida tanto di me. Accorgendoci che qualcuno ha fiducia in noi, viene uno spavento: è perché siamo riconoscenti, noi, a lui. Nasce un patto. (*Ride*) Davvero come figlio e madre. Noi non ci siamo detti nulla, ma io non l'abbandonerò.

LUISA (*fra sé, come distratta*) Io ero madre vera, ma non mi sono potuta gettare.

ROSA (*d'un tratto assorta, ardente, sommessa*) Io vorrei essere gloriosa. (*Comincia una leggera musica*) Vi è nella foresta di Vinnia[1] un luogo di piante alte e silenzio. E io vidi, da un foro in alto, un raggio che scendeva immobile. Come era bello. Pensai: oh, anche io. Ma il paradiso è piú bello ancora. Ogni nostro pensiero vi aggiunge una stanza. Io voglio essere coraggiosa e sincera. Non vorrei invecchiare e sentirmi diventare furba. (*La musica è cessata, la ragazza si volta a Luisa sorridendo*) Fa cosí piacere sentire, anche solo dal tono di voce, che ci stimano, vero? Io vorrei essere approvata dal Signore. (*Ride*) E da mio padre. (*Chiama*) Papà. Papà.

LUISA. Vostro padre è morto?

ROSA. Sí.

LUISA. Fate finta di parlarci?

ROSA. Sí. Tutti quelli che hanno perduto una persona veramente cara, in segreto, lo fanno, sapete?

LUISA. Certo. Lo fo anche io... Io fo di piú. Mi invento dei particolari buffi: che a Guido abbiano regalato un cucciolo, che abbia cominciato a farsi la barba. (*Ride*) La sera, quando mi addormento smetto, come lasciando il segno in un libro. Per esempio vedo voi e vi domando: signorina, mi portate i saluti di mio figlio?

ROSA (*dopo un momento*) Sí, sta bene.

Le due donne ridono.

LUISA. Ha la vostra età, non sarete fidanzati?
ROSA. Ci stiamo pensando.

Le due donne ridono.

LUISA. Siete buona. (*Le va accanto, la bacia*) Begli occhi
pietosi. Voi, mentre fingete di parlare a vostro papà, sentite
che lui vi sta vicino?
ROSA. Certo. «Papà. Papà.»
LUISA. «Guido. Guido.»
ROSA. È un'illusione; ma c'è qualche cosa di vero. (*Abbassa
la voce*) Lui c'è. Sente.
LUISA. «Guido. Guido.» Per me è diverso. (*Leggera*) Forse io
sto semplicemente facendo delle prove.
ROSA. Prove per che?
LUISA. Per diventare pazza, fra un po' di tempo. (*Leggera*)
Prove se ne fanno sempre: anche per morire. Si imita; ci si
specchia, si dispone la faccia.
ROSA (*turbata*) Ma voi, che volete?
LUISA (*leggera*) Capire bene una certa questione. Non esi-
stono cose senza perché. Del resto… (*alza le spalle, ride a lungo*)
…io sono due volte commediante. Non è vero.
ROSA. Che cosa?
LUISA. Che io pensi possibile di parlare a Guido. Guido per
me non c'è. Non sente. Non viene. Tutto vuoto, tutto inutile.
Niente. Non ci credo. (*Si calma*) È una doppia commedia.
Anche Giovanni concorre: finge di redarguirmi; ma se mi avesse
veramente ordinato di smetterla, avrei smesso. E lui sa bene
che è tutto a vuoto. Recita anche lui. Non è strano? Vi è
qualcosa di storto, occorre che si risolva. (*Pausa; accenna il
motivo della canzonetta*) Il fatto è che Guido: non c'è. (*Chiama
piano*) Guido? Niente.
ROSA (*stupita, angosciata*) E perché?
LUISA. Forse è questo: che noi lo vedemmo, dopo. Era molto… sciupato. Chi cade sembra… come se invece fosse stato

schiacciato. Giovanni dice: investito. Non aveva piú il suo viso.
Dopo un tale spettacolo... (*a voce bassissima*) stentano a for-
marsi le speranze. Si fa fatica a rivederlo risorto.[2] Non so se
lui... sapeva... che doveva risorgere. Forse non gli era stato
detto. Per questo io credo che in ultimo, impaurito... gridò.
Forte. (*Imita*) Ooooh. Molto guastato.

ROSA (*bisbigliando e sorridendo furbescamente*) Ma l'anima?
Quella non si guasta. È come un fuoco, d'un meraviglioso
colore... Anzi, ogni anima è una gocciolina senza la quale
l'intiero universo rimarrebbe assetato. Sono fiori. Per questo
non si deve offenderli in nessun modo.

LUISA. Voi sognate vostro padre?

ROSA. Sí. Io gli dico: papà, sta un po' con me. Lui va, ma
io resto consolata.

LUISA. Come morí?

ROSA. Io ritengo bene. Come uno che arriva su un bel colle.

LUISA. Niente di questo, nel caso mio. Se Guido aveva
un'anima, la sua anima non frequenta i sogni di questa casa.
Noi qui non si fa che invitarlo,[3] ma senza fiducia. (*D'un tratto
abbassando la voce e tremando*) Io penso... che lui ci rimproveri
qualche cosa, ecco tutto. Gli abbiamo fatto qualche cosa,
l'abbiamo offeso, ecco la questione. Oh mio Dio, non c'è
rimedio, non c'è rimedio.

ROSA (*sorride furbescamente, poi a bassa voce, citando*) «Vi
ringrazio di avermi creato e conservato questa notte, la grazia
vostra sia sempre con me e i miei cari.»[4] (*Fa un piccolo cenno
d'intesa, ride, cava un piccolo libro, vi legge*) «Credo nella resurrezione... credo che voi darete a ciascuno, secondo i meriti, la
pena e il premio. Conforme a questa fede voglio vivere, per
meritare la vera vita... affinché io non resti confuso in eterno.»[5]
(*Alza il capo*) Sí, io non voglio piú avere timidezza e soggezione.
Compirò il mio dovere.

LUISA (*con ribellione e ostilità*) E qual'è? Che cos'è che dovete
dire di tanto importante a mio marito? Glielo dirò io.

ROSA. Dovevo dirgli che Nicola... ora è veramente scosso, è
diventato, però...

LUISA. Però?

ROSA. Non è malato. Non è malato. Lui finge di esserlo. Gli altri fingono di crederlo. Ma non è malato. Mi pare che vi sia qui qualche cosa di molto pericoloso...

LUISA. Per chi?

ROSA. ...che possano venirne gravi conseguenze...

Dalla stanza vicina si accostano voci e passi.

LUISA. Penserò io a dirlo a mio marito.[6]

ROSA (*avviandosi verso l'uscita*) Per carità diteglielo. Avvertitelo.

LUISA. Non dubitate.

ROSA (*fugge verso l'esterno*)

Nello stesso istante rientrano dalla stanza attigua tutti coloro che vi erano radunati, e cioè i due giornalisti, Giovanni, Tomaso, Nicola e Raniero.

SCENA QUINTA

Il gruppo traversa in silenzio, quasi compassato corteo, verso la soglia esterna. Quivi avvengono, pure in silenzio, congedi stranamente cerimoniosi di cui è oggetto soprattutto Giovanni. Finalmente i due giornalisti si allontanano sul prato buio.

GIOVANNI (*leggero*) Questo cerimoniale ha sfiorato il macabro. Le mie dichiarazioni arieggiavano ultime volontà.[1] E questi congedi... (*Incontra gli occhi della moglie*) Che c'è, Luisa?

LUISA (*dopo un momento*) No, nulla.

GIOVANNI. Sei informata di ciò che sta per succedere?

LUISA. Ho sentito. (*Va a sedere in disparte*)

GIOVANNI (*la guarda un po', guarda Tomaso*)

TOMASO (*finisce di parlare a bassa voce con due sconosciuti, si volta a Giovanni*) Sto dando le ultime istruzioni. Ecco là, i giornalisti sono partiti. Il piú è fatto, la lettera è impostata. La miccia è accesa. Ora anche gli altri estranei se ne andranno. E cosí a poco a poco tutto va a posto. La notte è avanzata, non abbiamo che poche ore da attendere.

GIOVANNI (*leggero*) Anche tu hai un'aria funebre, ma è la tua solita.

TOMASO. Sí, è il mio modo di salvarmi dai toni alti.[2] (*Volgendosi improvvisamente a Nicola*) Sicché, Nicola. Tu vai giú ora. La macchina ti aspetta. Buon viaggio. Guarisci.

NICOLA. Già, debbo riposare. Arrivederci, Giovanni. Spero che tu comprenda. Le mie condizioni...

TOMASO. Questo punto è già stato sviscerato. Arrivederci.

ROSA (*apparendo sulla soglia*) Eccomi. (*Benché lontana*) Appoggiatevi a me.

TOMASO. No. (*A Nicola*) È stato disposto che scendiate separatamente. (*Un silenzio*)

NICOLA (*rauco*) Ah. E perché?

TOMASO. Necessità organizzative. Tu viaggerai col dottore. È un tragitto di mezz'ora. Riavrai il tuo angelo appena giú.

NICOLA (*con voce strana*) Ma... dunque... che cosa, perché!

TOMASO. È bene che il dottore ti stia vicino. Ti sei molto agitato.

NICOLA (*balbettando leggermente*) Ma io... non voglio, non posso... io sto bene solo con Rosa... voglio andar giú con lei. Rosa! Rosa!

ROSA (*fa un passo avanti*) Il signor Nicola ha ragione. La mia presenza gli giova. E io non lo lascerò per nessun motivo. Voglio stare con lui.

TOMASO (*con reale tristezza*) Fedele, gentile protettrice, è necessario. Stabilito già, disposizioni generali. È l'ingranaggio. Noi dovevamo garantirci da ogni anche indiretta indiscrezione. In questi casi il segreto è tutto. È anche da considerare un possibile gesto di elementi ostili, insomma è questione di minuti. (*Pausa*) Ve lo dice lo stesso Nicola.

NICOLA (*d'un tratto, con voce diversa*) Sí, Rosa, saremo insieme fra poco; parleremo a lungo, tu mi leggerai. Grazie, Rosa amabile, Rosa lucente. Va va, meglio sbrigarsi. Copriti.[3]

ROSA (*si allontana scortata da uno degli sconosciuti*)

NICOLA. E ora, a me. (*Si avvia, si ferma*) Arrivederci signori. Non giudicatemi male. Ogni sforzo per sopravvivere implica una certa perdita di stile — non sempre con buoni risultati.

Purtroppo tutta·la geografia, la storia... (*accenna verso l'alto*) e l'astronomia sono contenuti nel granello della nostra vita. Se io perdo quello perdo tutto. Ma speriamo, non mi sento male. (*Si ferma ancora un momento*) Abbandonerò la politica, andrò a Vitra, è un piccolo posto. Salve. (*Esce, non senza dignità, seguito da Raniero e dall'altro sconosciuto*)

SCENA SESTA

TOMASO (*a Giovanni, accennando*) Il suo stato di eccitazione richiedeva speciali misure. (*Si dà a canticchiare fra i denti il motivo della canzonetta*)

GIOVANNI (*va a guardar fuori*) Che succede, laggiú? Partono tutti. A fari spenti.

RANIERO (*rientra e siede in disparte*)

TOMASO. Restano i protagonisti, cioè noi tre. (*Avvedendosi di Luisa*) Ah. E tua moglie. Ma lei è di casa.[1] (*Riprende il motivo*)

LUISA (*si alza in silenzio, va nella stanza attigua*)

GIOVANNI (*dato fuori un ultimo sguardo*) Eccoci soli. (*Guarda l'orologio*) Due ore da attendere.

TOMASO. Quando il primo raggio del sole batterà qui, udremo un segnale. Usciremo. Tu sulla soglia agiterai un panno bianco; gli altri di là faranno lo stesso; segno di pace. Poi cammineremo verso il valico. I prati saranno deserti, con solo i nostri tre puntini nel'mezzo. Ma da lontano non mancheranno binocoli. La storia è in attesa.

GIOVANNI. È stato organizzato bene.

TOMASO. Un vero orologio.[2]

GIOVANNI. Potrei usare queste due ore scendendo al bivio.

TOMASO. Ti pregherei di astenerti. Ti esporresti a domande. A che scopo, poi.

GIOVANNI. Vorrei telefonare.

TOMASO. Credo anche che il telefono sia interrotto. Abbiamo dovuto.

GIOVANNI. Giusto. Era solo per fare due passi.

RANIERO. Per due passi qui intorno ti accompagno io. Mi trovi qui fuori. (*Esce*)

TOMASO (*avviandosi anche lui*) Ciò che sta cominciando qui avrà un certo peso. Occorreva cautelarsi.

GIOVANNI. Sí, giusto.

TOMASO. Anche la cantoniera[3] è stata sgombrata. (*Con una sfumatura di intenzione*) Vigilano amici nostri, un po' da per tutto. (*Esce*)

SCENA SETTIMA

GIOVANNI (*è solo, siede pensieroso; d'un tratto si volta in ascolto; si alza lentamente, bisbigliando*) Chi è?

ROSA (*furtiva, un po' scarmigliata, appare a una delle porte esterne; sta un momento a testa bassa, ansando*) Aspettavo che foste solo. (*Un silenzio*) Nicola è morto. Subito, là. Temo che sia stato ucciso. (*Avanza*) Ho potuto avere le sue ultime parole, sono fuggita per dirvele. Erano per voi.

GIOVANNI. Che mi ha mandato a dire?

ROSA. Che vi prega di perdonarlo. Che la speranza di vivere lo aveva confuso. Che voi sarete in vece sua...

GIOVANNI (*la ferma con la mano; lentamente*) ...l'incidente.

ROSA. ...un altro Andrea il Fornaio;[1] che farete anche voi cadere la bilancia, allo stesso modo, ma con molto piú frastuono.

GIOVANNI (*riflette un momento*) Grazie. È stato utile che siate corsa. Spero che non debba costarvi troppo. (*Le apre un uscio interno*) Nascondetevi lí.

ROSA (*entra da quell'uscio*)

GIOVANNI (*chiamando allo stesso uscio*) Luisa. (*Va a spiare verso l'esterno, poi si dà frettolosamente a frugare in un mobile*)

LUISA (*apparendo*) Che c'è?

SCENA OTTAVA

GIOVANNI (*sommesso, frugando*) Devo fuggire. Prendo qui un po' di cibo, una lanterna, aiutami, poi scendo lungo la Fossa.[1] Conosco i luoghi, nessuno mi prenderà. (*Accenna*) Camminano lí fuori, coglierò il momento.

LUISA. E domani, l'incontro?

GIOVANNI (*sempre frugando*) Un incidente l'avrebbe impedito. Un morto. Da imputare a quelli là. La scintilla pel grande scoppio, essi lo vogliono. La loro idea è che «solo dai cataclismi nasce il nuovo».[2]

LUISA (*aiutandolo meccanicamente*) E tu?

GIOVANNI (*indaffarato*) Io? Ero il morto. Mi rifiuto. Prima di me si era rifiutato Nicola, senza molto successo. Andandomene, fermo tutto. Ad ogni modo la farsa non conti su me. (*Un po' eccitato*) Divertente macchina![3] Questo sí che si chiama rovesciare sottosopra il cappuccio,[4] mettere l'arsenico nell'ostia e portare l'universo pel naso! E io? Io ostia, io arsenico, formaggio nella trappola, verme sull'amo.

LUISA. Dove andrai?

GIOVANNI. Sopravvivere sarà laborioso. Meglio sempre che immolarsi.

LUISA. E qui?

GIOVANNI (*indaffarato*) Denaro ne hai... (*Ripensandoci*) Perché? Qui chiuderai, te ne andrai.

LUISA. Non dicevo di me... Dicevo... la nostra questione. Nostro figlio. Quello che è stato è stato, vero?, buonanotte.[5] (*Un silenzio*)

GIOVANNI. Luisa. (*Per la prima volta una dolorosa veemenza lo trasporta*) Luisa, siamo stati per anni lí, a testa bassa, su quella tremenda aiuola.

LUISA (*sempre tranquilla*) Sí, perché c'era qualche cosa... di non chiaro. Se ora tu te ne vai, resterò io sola a pensarci. Ma è una questione troppo grossa per me. Io potrei anche dimenticarmene e allora...

GIOVANNI. Luisa! Luisa. (*Dominandosi*) Non c'è stata nessuna questione. C'è stata solo... (*travolto d'un tratto*) Oh sí, una tortura! Una tortura di ogni giorno, ogni ora, per anni... Luisa, mi hai spezzato, distrutto, ci sei riuscita...[6]

LUISA. Non credo, tu sei troppo forte. Nessuno può spezzarti. (*Pensa un attimo*) Tu sí.

GIOVANNI. Che cosa vuoi dire?

LUISA. Io non so piú neanche pensare. So solo ubbidirti. E

anche Guido. E ora io come farò? Ho paura... che mi rinchiuderanno... invecchierò, gridando, coi capelli irti, grigi...

GIOVANNI. Luisa, ti prego, ti supplico di star calma.

LUISA. Oh, ma io lo sono. È solo... quella questione.

GIOVANNI (*cercando di dominarla con intensa persuasività*) Luisa. Non posso farmi uccidere. E non posso permettere questo delitto. Non è volontà mia. Sono costoro, a costringermi. Essi, sono venuti...

LUISA (*a voce bassa, con naturalezza*) Sí. Per punirti.

GIOVANNI (*colpito*) Punirmi? Perché?

LUISA. Niente. Ho detto cosí. (*Invece ha un sorriso e ripete*) Sí, sono venuti per punirti.

GIOVANNI. Come t'è nata un'idea simile? Punirmi di che?

LUISA. Di ciò che hai fatto.

GIOVANNI. E che ho fatto? Luisa, non mi avevi mai detto niente di simile.

LUISA. Sí, ma in tutti questi anni non ci siamo mai detto ciò che occorreva. Mai stati sinceri.

GIOVANNI. E che cos'è che occorreva dirsi?

LUISA. Che il responsabile doveva esserci, non poteva non esserci. Sarebbe stato assurdo.[7]

GIOVANNI. E chi è?

LUISA. Tu.

GIOVANNI. Responsabile di che?

LUISA. Di Guido e di tutto.

GIOVANNI. Ah. E in che senso?

LUISA. Io credo... ecco, credo che tu l'odiassi. Cosí. Forse l'hai odiato sempre. Fosti tu, non è vero? Fosti tu quella sera a rinchiuderlo.

GIOVANNI. Luisa, stai veramente delirando.

LUISA. Ma perché lo chiudesti?

GIOVANNI. Senza pensarci.

LUISA. Ma perché lo chiudesti senza pensarci? Perché l'odiavi. L'opprimevi. So come lo guardavi.

GIOVANNI. Ma che dici, Luisa! Vuoi fare impazzire anche me? E perché l'odiavo?

LUISA. Perché tu... Hai odiato anche me, sai? Mi parlavi con dolcezza, senza guardarmi. Vuoi che tutto sia a modo tuo. Odii tutto quello che hai vicino. L'hai fatto morire.

GIOVANNI. Stai dicendo pure pazzie, lo sai bene.

LUISA. L'hai ucciso, sí. Responsabile. Opera tua. E ora vuoi andartene?

GIOVANNI. Piano. Luisa.

LUISA. Assassino. Oh perché ti ho incontrato! Oh perché ho partorito! Oh perché sono nata. Oh mio Dio, che succederà di me. Oh, che orrore, che orrore. (*Si piega su un tavolo, singhiozzando soffocatamente*)

GIOVANNI (*la guarda; l'occhio gli corre verso l'esterno, donde Tomaso può venire da un momento all'altro; esita un momento; fugge*)

LUISA (*singhiozza, sola; poi si alza, si asciuga le lacrime; va verso la porta, chiama*) Tomaso! (*Torna al centro della stanza*)

TOMASO (*entra*) Che c'è?

LUISA (*calma, indicando*) Mio marito: ha saputo ed è fuggito. Se volete riprenderlo, mi ha detto che costeggerà la Fossa. Lo riprenderete, è appena andato. (*Un silenzio*)

TOMASO (*muove verso l'esterno, ma si ferma*)

GIOVANNI (*è riapparso dall'oscurità, torna lentamente verso la soglia*)

FINE DEL SECONDO ATTO

ATTO TERZO

SCENA PRIMA

Pochi momenti sono trascorsi. Giovanni e Tomaso sono di fronte, Luisa è in disparte.

GIOVANNI (*avanza; a Tomaso, quietamente*) E cosí uno di voi avrebbe dovuto uccidermi?

TOMASO (*con semplicità e quasi tristezza*) Sí.

GIOVANNI. Chi era?

TOMASO. Bè, qualcuno, secondo gli ordini.

GIOVANNI. Come? Dove?

TOMASO (*tace un momento, indica*) Lí; domattina, appena uscito dalla soglia.

GIOVANNI. Che colpa avevo commesso?

TOMASO. Dare grandi ordini, conoscere gravi segreti, è quasi giusto che finisca per costare qualche cosa.

GIOVANNI. Avreste incolpato del fatto...

TOMASO. ...i nostri avversari.

GIOVANNI. E cosí, la guerra.

TOMASO. Si era ritenuto che occorresse.

GIOVANNI. Mi imbrogliavate completamente.

TOMASO. Tenerti all'oscuro alleggeriva il compito a tutti. Non solo il tuo compito, qui, è pesante. Ora sarà tutto piú difficile.

GIOVANNI. E non vi trattenevano le conseguenze?

TOMASO (*sempre col suo tono quasi triste*) Pare che la storia non maturi con gli incontri, e ci voglia qualche cosa di piú scomodo. D'altronde a ogni mina occorre un innesco: un espediente; spesso triste. Ma forse l'azione è sempre triste. E stupida.

RANIERO (*è apparso sulla soglia*)

SCENA SECONDA

GIOVANNI (*a Raniero*) E decidere, spettava a voialtri?

TOMASO (*rispondendo per Raniero*) Non dovevano esservi decisioni, qui. Qui non era che esecuzione. (*A Raniero, ma senza guardarlo*) Vieni, Raniero. Noi qui eravamo per ubbidire e basta.

RANIERO (*a testa bassa*) Meno si parlava, meglio era.

GIOVANNI. E tutti quelli, laggiú, che ora dormono, nei loro letti, e domani dovevano subire? Avrebbero dovuto essere interpellati, mi pare.

TOMASO. Lo furono. Chi decise furono appunto essi, a suo tempo. I nostri e i loro passi da molti anni, consapevoli o no, si dirigevano qui. (*Abbassando la voce*) E tu invece perché hai tentato d'andartene?

1

GIOVANNI (*lo guarda senza rispondere*)
TOMASO. Fra l'altro ti attribuivo piú controllo. Ti avevo detto che i dintorni sono guardati.
GIOVANNI. Ma io sono tornato da me.
TOMASO. Con quali intenzioni?
GIOVANNI. La fuga mi ha stancato col solo pensarci. Faticoso, e anche ridicolo. (*Si ferma*)
LUISA (*muove lentamente verso le scale*)
GIOVANNI. Luisa, vorrei che tu restassi.
LUISA (*torna indietro*)
GIOVANNI (*di nuovo a Tomaso*) Sicché, vinto un certo panico fisico, mi è dispiaciuto voltare le spalle. È vero, Luisa: occorre risolvere e concludere tutto; non si poteva seguitare cosí. È vero, Tomaso; ci sono dentro. (*Pausa*) Ho da dire la mia anche io.[1]

Un silenzio.

TOMASO (*quasi affabile*) Giovanni. Può darsi che effettivamente l'andamento imprevisto consigli, ora, un certo riesame. (*A voce bassa*) Ma tu non potrai in nessun caso prendere decisioni personali. Tentandolo, ti abbasseresti soltanto. (*Si interrompe*)
ROSA (*ha aperto lentamente l'uscio, è apparsa*)

SCENA TERZA

TOMASO (*a Rosa*) Ah. Ci siete anche voi. (*Con moderata durezza*) Perché siete tornata? Avevate avuto degli ordini.
ROSA (*fa per parlare*) Nicola...
TOMASO (*fermandola con un gesto*) Sí. Nicola. Nicola mancò. (*A Giovanni*) Fu prima indiscreto; poi, saputo che ebbe,[1] scaltro, ma non abbastanza. Si ribellò a me, poi s'accordò con me, e tradí te; lamentoso e tuttavia minaccioso: pericoloso personaggio. Soprattutto abbietto.
ROSA. Ma io...
TOMASO (*fermandola ancora*) Voi dovevate limitarvi a essere fedele. Non vi si chiede altro.

ROSA (*con un grido soffocato*) Fedele a chi?

TOMASO (*la guarda un momento*) Intanto, a vostro padre. Lo sapete, voi, come veramente morí vostro padre? Sapete che Nicola fu uno dei responsabili?

ROSA. Lo so. (*Pausa*) Nicola me l'ha detto, in ultimo.

TOMASO (*indicando Giovanni*) E un altro responsabile lui?

ROSA. Sí. E un altro voi.

TOMASO (*d'un tratto affabile*) E allora avrete compreso... che non è da voi[2] comprendere la portata di questi avvenimenti. Vi pregherei di non frapporvi. Giovanni, non avrai alleati.

RANIERO. Tomaso.

TOMASO. Dimmi.

RANIERO. Che cosa sta succedendo?

TOMASO. Niente.

RANIERO. Ma questi discorsi, anche prima. E che faremo con Giovanni. Preferivo se era piú semplice.

TOMASO. Naturalmente.

RANIERO. E che riferiranno queste donne domani e in seguito?

TOMASO. Domani e in seguito probabilmente sarà tale il frastuono, che ci vorrà ben altro che due voci di donne, per farsi badare. Non sta succedendo niente, Raniero. Una certa percentuale di inconvenienti era in bilancio.[3] Essa richiede soltanto...

GIOVANNI (*ambiguo*) ...un po' piú di fermezza da parte vostra.

TOMASO (*dopo un momento*) Sí. Giusto, bene. E allora, Raniero, vorrei sentire il tuo parere. Sul da farsi.[4]

RANIERO (*a testa bassa*) Ma io...

TOMASO. Si dovrà rinunciare al nostro... espediente? E tornare indietro? Non soltanto sarebbe capovolgere gli ordini, ma confessare al mondo un tentativo che il mondo riterrebbe spregevole, e confessarlo poi fallito; fare un danno irreparabile ai nostri e un regalo immenso agli altri; e infine mettere noi, dico personalmente, in stato precario, perché i testimoni di certi episodi raramente vivono.

GIOVANNI (*ambiguo*) Nicola insegni.

TOMASO (*sempre a Raniero e senza mai voltarsi a Giovanni*)

Oppure, andare veramente lassú, incontrarsi e trattare l'accordo. Cioè? Cioè riempire di ipocrisie e bugie alcuni giorni e alcuni brindisi, per ritrovarci poi al punto di prima, ma con un'idea degli uomini ancora piú bassa. Bos, pecus, sissignore. Inoltre ciò sarebbe, rispetto agli ordini, anche piú sedizioso; e per di piú permetterebbe ai nostri avversari di fare essi, a proprio vantaggio, lo stesso gioco cui avremmo rinunciato noi.

GIOVANNI (*ambiguo*) È spesso andata cosí.

TOMASO (*sempre a Raniero*) Sicché? Secondo te? Che cosa ritieni?

RANIERO (*a testa bassa*) ...che occorrerà finire ciò che fu cominciato.

TOMASO. Bene, Raniero; giusto. È anche il mio parere. (*Leggerissimamente beffardo*) Sicché l'Esecutivo ha deliberato. Lo dico sempre, io: tutto va a posto, tutto va a posto. Da sé. (*Pausa*) E allora... la cosa prosegue. Si svolgerà esattamente come stabilito. (*Abbassando un po' la voce*) Non sarebbe decente sottrarsi; da parte di nessuno.

RANIERO (*con un principio di turbamento*) Ma perché si parla tanto?

TOMASO. Perché la terra è lenta a girare. Credo che ora, a mille miglia verso oriente, le montagne siano già illuminate. Fra mezz'ora succederà qui. Sarà la luce a darci man forte.

RANIERO. Mezz'ora da aspettare. Sono minuti lunghi.

TOMASO (*lo guarda*) Ti capisco, Raniero. Non era certo questa la migliore occasione per metterci scambievolmente delle pulci nell'orecchio.[5]

RANIERO (*con improvviso tremito*) Non è colpa mia.

TOMASO. Sí, Raniero. Tu sei per le faccende dirette. (*Pausa*) Ti autorizzo a esitare. (*Pausa*) Esita pure.[6] (*Pausa*) E anzi, ti dispenso dall'agire. Tutto avverrà ugualmente, anche senza di te. Giovanni non si è espresso; ma non potrà intralciare; fra mezz'ora la cosa comincerà a muoversi. (*Finalmente si volta a Giovanni; un silenzio*) Sí, Giovanni. Dovrai sottometterti. Vieni avanti, che fai lí? Non avrai alleati. Le tue obiezioni: è un vento che soffia da secoli e non muove un mattone. Le ripetono e non ci credono. Ma poi tu stesso... (*Intensamente persuasivo*) Vedi, non è che io voglia persuaderti; è che tu stesso desideri conformarti. Non puoi opporti... — ma poi in che modo, sarei curioso — non puoi opporti: perché non vuoi. Ti riposa, ubbidire. (*Abbassando la voce*) Perché tu stesso, in fondo, non credi al gioco!

GIOVANNI (*d'un tratto, con una specie di noncuranza*) E tu ci credi?

TOMASO (*si è voltato, di colpo, guarda Giovanni; fa qualche passo qua e là*) Io? Io. (*Ride leggermente; continua sul tono precedente*) Dicevo, già, che la cosa non è più in discussione. Ordini, impegni, doveri, decenza, tutto vuole che noi...

GIOVANNI. Ma tu ci credi?

TOMASO (*guarda ancora Giovanni, pensa un momento*) Bravo Giovanni. Strana domanda: all'ultima mezz'ora. Strani discorsi. Ma forse hai ragione, è venuto il punto di farli. (*Leggermente ironico*) Ora o mai più. (*Si volta agli altri*) Un momento, signori. Vorrei che sedeste. (*Quasi con un grido*) Sicuro, perché non sedete? (*Calmo*) Sedete. Sí, vi prego. Sedete.

Qualcuno, dominato, s'accosta alle sedie, non Giovanni.

RANIERO (*turbato*) Che cosa succede?

TOMASO. Questo. In primo luogo devo comunicarvi che siamo dispensati tutti dall'agire. Non solo Raniero, tutti; spettatori; assisteremo soltanto, o presso a poco; e subiremo, naturalmente. (*Pausa*) Ma potevate davvero credere che un risultato tanto importante fosse abbandonato a un'oscillazione, tua, sua, anche mia, o dell'imprevisto? E con un margine di sicurezza tanto modesto? Per carità.[7] No, signori. Occorreva una certezza non solo totale in partenza, ma largamente, sovrabbondante. Sta tranquillo, Giovanni: non uno solo: forse vari di noi, tra poco potremmo essere morti, avremo bevuto la nostra cicuta. Conoscendo i metodi, lo penso probabile. E la porta è bloccata alle nostre spalle. La cosa non è più nelle nostre mani. Padrona essa di sé stessa; cammina da sé; niente può più fermarla.

RANIERO. E noi?

TOMASO. Noi non contiamo più. E cosí... — qui viene

l'importante — e cosí ci si offre un'opportunità unica: un
quarto d'ora finalmente quieto. Un punto di vero silenzio;
ogni nostra ansia è finita, gran calma. Sarebbe imperdonabile
non approfittarne.

RANIERO. Per che fare?

TOMASO. Per capire. Siedi anche tu, Giovanni. Usiamo bene
questi minuti. Anche tu dovrai bere la tua cicuta, non potrai
opporti.

LUISA (*solleva il capo; dopo un po', come al primo atto, va ad
un mobile, ne cava liquori e bicchieri;*[8] *fra un gran silenzio li
mette sul tavolo, disponendo metodicamente accanto ai bicchieri
dei piccoli tovaglioli*)

TOMASO. Giovanni, mi hai chiesto se ci credo. (*Riflette un
momento*) Bè, ti dirò... che mi sta capitando questo: al punto in
cui siamo, sono tentato di distrarmi, sí. Questa serena notte...
questo leggero vento... quasi mi interessano piú del resto. Mi
divagano, mi piacciono. Il resto... Forse nessuno di noi ci
crede. Forse nemmeno Raniero.

GIOVANNI. Eppure ti sei dato molto da fare.[9] Un'intiera
vita per arrivare qui. È opera tua.

TOMASO. Un'intiera vita. (*Blandamente ironico*) Giovanni
mio, già il buio è meno denso, e io credo che tra poco potrò
cominciare a rivelarti un segreto: (*un silenzio*) che forse io...
mi sono dato molto da fare... ma non ho mai fatto nulla![10] Sei
stato anche tu un capo; e intelligente; e ormai anziano; e alla
fine non l'avevi capito? L'azione è un sogno. (*Con gesti analoghi*)
Vediamo muoversi mani non nostre. Gesti d'un sogno.

GIOVANNI. Eppure ci sono gesti e giorni che ci empiono di
spavento per sempre.

TOMASO. Lo spavento dei sogni. Le idee: ce le troviamo qui,
dentro la fronte, come un solitario di carte lasciato sul tavolo
da altri. Attoniti testimoni, guardiamo i fatti, e il nostro guar-
darli li fa esistere, ed è come se li ricordassimo. Fatti d'un sogno.

GIOVANNI. Eppure noi ci mettiamo qualche cosa di nostro.

TOMASO. Nulla, Giovanni. Diciamolo finalmente. Ciò che
facemmo... no, non si può giurare che fosse giusto, o davvero
utile.

RANIERO (*con angoscia*) E allora?

TOMASO (*alza le spalle*) Non dipendeva da noi. Da sé. Andava dove doveva. (*Blandamente ironico*) E quel che succederà qui, ora... no, non è molto sicuro che non sia molto brutto.

RANIERO. E perché lo dici solo ora?

TOMASO. Perché solo ora si può, non nuoce piú. L'alba[11] è già un po' chiara; e questo ci permette di essere finalmente sinceri. (*Con una specie di stupore*) Forse io non lo sono mai stato. Sincero; e libero. Lo devo a qualche cosa che è sui monti, pronta. Un'arma. Noi siamo dispensati; penserà a tutto lei: un'arma, puntata lí, sulla porta.

ROSA. Da dove?

TOMASO. Da tanto lontano che colpire sarà pulito; sarà solo destrezza. Udiremo appena il colpo. O forse i colpi. Sí, non è detto che debba cadere uno solo di noi. In casi tanto importanti ogni economia è sconsigliata. Bel meccanismo! Ne sono tecnicamente orgoglioso. A parte questo, sapete che c'è? Ne ho avuto il sospetto tutta la vita, stanotte ne ho la certezza; me ne importa poco.

ROSA (*a Giovanni, timidamente, sommessa, toccandolo*) E voi! Permettete che ciò avvenga? Questa responsabilità sarà soprattutto vostra!

TOMASO. La responsabilità. (*D'un tratto*) Ma dov'è, cos'è? Che curioso equivoco. (*A Luisa*) Signora mia, anche voi: ma credete davvero che abbia un senso, frugare nella vostra aiuola? O altrove?

ROSA (*a Giovanni, timidamente, un bisbiglio*) Io sono corsa apposta. E Nicola morendo ha voluto avvertirvi. E voi siete tornato apposta: perché non avvenisse questa cosa ingiusta.

TOMASO. Ingiusta. Erbe, bruchi si annientano sopra la terra: e non sanno di giusto e di ingiusto. E che facciamo noi di diverso? La vita; da sé; divora il prato man mano che lo percorre.

GIOVANNI (*pensieroso*) Lo consuma.

TOMASO. E tutto ubbidisce. E i ragazzi cadono e muoiono. Ma questo tocca anche al resto. E non c'è altro. E perché mai solo l'uomo dovrebbe essere eccettuato? No. Rotoliamo

docilmente tutti lungo la stessa china. Vi fu una spinta, in
principio. E noi — esseri, piante, astri... —

GIOVANNI. ...stiamo semplicemente logorandola. (*Guarda
verso le montagne*) Le montagne si erodono e perdono livello.
(*Levando vagamente il bicchiere*) Ma voi lassú, montagne, non
ve ne accorgete... (*a Tomaso*)... ecco il punto... Non ve ne
accorgete: e noi sí. E allora... (*Si interrompe; pensieroso*) Luisa.
Hai detto che l'odiavo. Perché?

LUISA. Non so.

GIOVANNI. Hai detto che odio tutto. Perché?

LUISA (*con un grido*) Non so!

> *Un chiarore s'è sparso sulle montagne.*

GIOVANNI (*guardandole*) Splendidamente illuminato, l'universo va e ignora: d'essere cominciato, al solo scopo di finire;
apparso per cancellarsi. Vi è solo un minimo personaggio, che
sa. Noi, l'uomo. (*Pausa*) E allora... è lí che punge il gran rammarico; e spreme... un fermento molto attivo: la goccia acida.

TOMASO. Tutto sarà risolto domani. Non potrai opporti.

GIOVANNI. ...odio, sí, odio. La goccia torbida. Ce n'è un
gusto in ogni bicchiere... Lo diamo noi. Il resto... (*guarda
verso le cime*) ...è insapore. Solo per noi, il sangue... seguita
tanto a lungo a ulcerare le aiuole. Luisa, perché hai detto che
l'avevo ucciso io?

LUISA. Non mi ricordo.

GIOVANNI. Che azione o influenza mi attribuivi?

LUISA. No, nulla.

GIOVANNI. Da dove t'è spuntata quella parola?

LUISA (*con un grido*) Lasciami. Sono stata io, a dirgli...

GIOVANNI. Che fuggivo. Lo so. (*Tornando a sé, pensieroso*)
La goccia amara. È il sapore di fondo. Rimorso d'essere inter-
venuti. Voglia di punirsi e punire. (*A Luisa*) E tu, e tu? Gli
dicesti, tu, qualche cosa?

LUISA. A chi?

GIOVANNI. Guido guardò anche te.

LUISA. Perché? Che dovevo dirgli?

GIOVANNI (*voltando le spalle*) La goccia infetta. Una specie
di virus. Fingono di essere angeli, ma non lo sono, oh no! lo si

vede quando cadono. Febbrosi e pesanti. Non disattenti: alacri. Perfidi. Corrono affascinati verso le stragi. Si iniettano il contagio l'un l'altro, tutti: chi comanda e chi ubbidisce, chi lusinga e chi offende: «morirai; morirai; morirai». (*Come in segreto*) Siamo ammalati. Il mondo è infetto; è tutta un'aiuola strinata. È vero che l'odiavo; non Guido. Ma tutto il resto sí.
TOMASO. La notte finisce. Sarà limpido.
GIOVANNI. Responsabili, responsabili. Io dissi di no a tutti. Ma anche a me, da tutte le parti si disse: No! No! No! No! No! (*D'un tratto, pacato*) Luisa.
LUISA. Sí.

Un silenzio.

GIOVANNI. Sai, non è vero che uscendo, io chiusi a chiave la porta.
LUISA. Non chiudesti?
GIOVANNI. No. E nemmeno la finestra.
LUISA. Ma come!
GIOVANNI. No.
LUISA. Ma tu hai sempre detto...
GIOVANNI. Cominciai subito a dirlo. E l'ho ripetuto sempre.
LUISA. E perché...?
GIOVANNI. Il libro aperto: lo misi io, i primi momenti, nella confusione.
LUISA. Ma allora...
GIOVANNI. Cancellai tracce e ne simulai.
LUISA. Che cosa vuoi dire?
GIOVANNI. Le sigarette. Ma il ragazzo le aveva; non aveva bisogno di uscire, non cercò affatto. Niente tracce sul cornicione. Le sigarette fui io a levargliele dalla tasca. Insanguinate. Mi inventai tutto io.
LUISA. Perché?
GIOVANNI. Perché... mi vergognavo, è curioso. Ero tutto vergognoso. (*Con un mezzo grido*) Volevo... nascondere, nascondere, che nessuno mai sapesse!
LUISA. Che cosa?
GIOVANNI (*quasi calmo, come leggendo*) Nostro figlio andò qua e là nella casa. Canticchiò; si specchiò. Incredulo di sé

stesso; e di tutto; sguardo vuoto cui sola sorte è morire. Immotivato: senza durata, senza riscatto: un errore; e capace di comprendersi tale. Privato di titolo a ogni orgoglio, o speranza. Squallido peso. E allora...

LUISA. Giovanni...

GIOVANNI (*quasi senza dare importanza*) Volevo dirti che non l'ho ucciso io. Che è successo di peggio. Da sé. Si buttò giú.

LUISA (*è rimasta immobile, rigida*)

GIOVANNI. E tutto ha seguitato tranquillamente. Aveva quindici anni. (*Travolto un momento*) Ohé, ma che fate lí, correte, gridate, non capite che cosa succede? I ragazzi rifiutano di vivere. Non c'è piú niente da fare, tutto sbagliato, guasto dentro! La midolla stravolta contro sé stessa,[12] le pietre diventano rospi! (*Si interrompe, guarda*)

ROSA (*gli si è avvicinata timidamente; ora ha messo una mano sulla spalla di Luisa*)

GIOVANNI (*a Rosa, quasi calmo*) Nostro figlio guardò il cortile buio. E una specie di estasi lo trasformò. È con lo stesso viso, che ora il mondo sta correndo qui. Lui pure vuole buttarsi giú. E cosí sia, e finisca. Opporsi; e perché? Sono io a volerlo. Occorre che questo errore sia punito. Cancellato.

RANIERO (*accennando fuori e ascoltando*) Che c'è?

TOMASO. Il sole è per sorgere. Le foglie lo sentono.

RANIERO (*indicando*) Eccolo.

TOMASO. Tra poco lo avremo qui. Udremo il segnale. (*A Giovanni*) T'affaccerai lí, agitando quello. (*Indica sul tavolo un tovagliolo bianco*) Poi tutto sarà uguale.

RANIERO (*pensieroso*) È in questi casi che si dovrebbe pregare?

Si ode un singhiozzo e tutti si voltano.

LUISA (*ha cominciato a singhiozzare piano; d'un tratto, sconvolta, con grida*) Fui io! Fui io! Fui io, che dovevo dirgli...

ROSA (*la carezza leggermente*)

GIOVANNI (*travolto anche lui*) Fummo tutti. Io, tu, lui, tutti. (*A Tomaso*) Quelli di qua e quelli di là: responsabili tutti.

Lo spingemmo giú, tutti. Tutte le questioni ne sono una, da risolvere insieme! Vasta infezione. Si bruci il pagliericcio e il lebbroso dentro.

LUISA (*singhiozzando*) Fui io! Io, la madre. Ero io, che dovevo dirgli... Non l'ho fatto, è finito.

ROSA (*accarezzandola*) E invece gli direte tutto... Non che lui ora non sappia, ma forse... gli piacerà che voi...

Si ode lontanissimo uno squillo armonioso.[13]

RANIERO. Il segnale.

LUISA (*singhiozza*)

ROSA (*continuando a carezzarla e col tono piú usuale*) Gli direte ... che invece bisogna avere grandi, grandi speranze!

LUISA (*singhiozza*)

ROSA. Gli direte...

GIOVANNI (*con un grido*) Che cosa! Che cosa!

ROSA. ...che è un errore credersi non guardati, non protetti. (*Indicando verso le cime, ora supremamente illuminate*) Vedete? Che meraviglia! (*Con uno strappo nella voce*) Perché mi sento tremare e desidero morire?

Ancora il segnale.

ROSA. Oh che grazia ci fu fatta chiamandoci a esistere e a vedere. (*Pausa*) Sono certa, signor Giovanni, certissima che voi non permetterete questo delitto. Voi pensavate che fosse utile andare al valico, incontrare i nemici, cercare un accordo. Perché non lo fate?

GIOVANNI. Non dipende da me, cara. È una cosa piú in grande.[14]

ROSA. Ma voi volevate andare. Perché non ubbidite a voi stesso?

GIOVANNI. Perché era sciocco. Ho rinunciato.

ROSA. E volete che tanti uomini a causa vostra soffrano e muoiano?

GIOVANNI. Ma essi sono già morti.

ROSA. Non è cosí.

GIOVANNI. Non un'anima che sia viva.

ROSA. Non è vero che voi pensate questo!

GIOVANNI (*mentre il segnale incalza e comincia lo scalpiccio del vento*) Ciò che marcerà di qui tra poco sarà un corteo di morti. E io degnamente in testa!

ROSA. Non è cosí. Non è questo che voi volete. (*Con altra voce*) Non è questo che voleva vostro figlio...

GIOVANNI. Però si buttò giú... Non ci credeva nemmeno lui.

ROSA. E voi, ora, non lo tratterreste?

GIOVANNI. Ma il mondo sa quel che vuole; e il mondo vuol questo.

ROSA. E voi fermatelo!

GIOVANNI (*mentre incalzano il segnale e il vento*) Perché, essendo io piú incredulo e peggiore di tutti?

ROSA. Per dire...

GIOVANNI. ...a chi?

ROSA. A vostro figlio...

GIOVANNI. Ma mio figlio non c'è!

ROSA (*con un grido*) Ci siete voi, tocca a voi! Andate lassú, dite loro che abbiano fiducia. Mettetevi in mezzo, salvateli!

   Un silenzio.

GIOVANNI (*pacato*) Cara, e in che modo? Mediante quale miracolo? Noi non possiamo piú.

TOMASO (*turbato*) La porta fu chiusa. Nelle anime e nelle cose.

GIOVANNI. Comincia il grande crollo. E che fa l'ambiente? Assiste. Erbe, cielo, rocce: impassibili. Sontuosa indifferenza; rigorosa concatenazione; tutto obbedisce. E dov'è l'anello che si libera?[15] Dove sei, orgoglio, speranza, anima immortale? (*Tendendo l'indice alla ragazza*) Anche tu, Rosa, sei qui, e che fai?

   Un silenzio. Si ode, lontanissimo, il segnale.

ROSA (*ha chinato il capo, mortificata; ora lo rialza*) Io... (*fa un passo*) io... io non credo che davvero spareranno. Non credo che le persone vogliano uccidere. Lo fanno perché sono davvero in un sogno.

Altro segnale.

ROSA (*fa ancora un passo*) In un sogno noi, gli altri; vostro figlio; e chi sta lassú col fucile. Basterebbe svegliarli, avvertirli, è semplice. Io farò questo e voi passerete. Non spareranno.
GIOVANNI (*fa per fermarla, ma troppo tardi*)
ROSA (*prende il panno bianco, corre alla soglia, lo agita; si ferma in attesa*) Oh Signore, aiutaci.

Un colpo lontano.

ROSA (*si piega, cade*)
LUISA (*l'accoglie fra le braccia*) Rosa. Rosa.
TOMASO (*angosciato*) Forse c'era un errore.
LUISA (*alza il viso e guarda Giovanni*)
GLI ALTRI (*fanno lo stesso*)
GIOVANNI. Forse c'era un errore. (*Ed ecco si accosta; solleva la ragazza, la tiene sulle braccia*) Andiamo, e portiamola. (*Ripetendo, con profonda certezza*) Non spareranno. Io dico che ora ci rispetteranno.
TOMASO (*quasi solo col cenno*) Sí.
RANIERO. Sí.
LUISA (*fa cenno di sí*)
GIOVANNI (*precedendo il piccolo gruppo e tenendo Rosa sulle braccia, esce sulla soglia, attende in silenzio*)

Il silenzio dura, poi si odono ancora quegli squilli. Essi hanno, ora, un suono festoso.

GIOVANNI. Andremo lassú, e diremo ciò che occorre, e ci ascolteranno.

Tutti si allontanano verso il valico e quegli squilli.

FINE DEL DRAMMA

NOTES AND VOCABULARY

ABBREVIATIONS

IN NOTES AND VOCABULARY

adj.	adjective	*m.*	masculine
adv.	adverb	*n.*	noun
B.	Betti	*op. cit.*	*opere citato* (in the work cited)
cf.	compare	*pers.*	person
f.	feminine	*pl.*	plural
fig.	figurative	*q.*	*qualcuno*
Fr.	French	*rfl.*	reflexive
intr.	intransitive	*sing.*	singular
leg.	legal term	*tr.*	transitive
lit.	literally	trans.	translate
		v.	verb

NOTES

FRANA ALLO SCALO NORD

Personaggi

1. **Consigliere:** in the Italian legal sphere a title usually reserved for one of the judges who sit on the highest tribunals of the State, namely the Court of Appeal (*Corte d'Appello*) and the Supreme Court (*Corte di Cassazione*). (The usual title for a judge or magistrate in a lower court is *giudice*.) But Betti's play is set 'in a foreign city', and of the four representatives of the law (Parsc, Jud, Goetz and Holand), all except the last are equipped with titles which to an Italian would sound either inappropriate or unfamiliar. We could translate *Consigliere* as 'Judge', and *Primo Consigliere* as 'Senior Judge'. A possible translation of Goetz' curious title, *Accusatore Generale*, would be 'Lord Advocate', the title of the most senior judge in the Scottish legal system. Or one might follow Betti's example and use some invented title such as 'Prosecutor General'. Such a title does not however correspond with the role played here by Goetz, who appears to be both the supreme representative of human justice and also (witness his capacity for conjuring up the dead at the end of Act II) an agent of some higher, quasi-divine justice. Holand's title, *Cancelliere*, is equivalent to English 'Justices' Clerk'.

2. **in una città straniera:** Betti is notoriously vague about the settings for his plays, and some critics have censured him for his consistent refusal to specify. None of his 25 plays is set in a precise geographical location although occasionally it is possible to make a reasonably confident guess. Eight of his plays, including the two works in this volume, are set in unspecified foreign countries. With regard to the deliberate vagueness of B.'s settings, it is questionable whether the resultant loss in realism is entirely compensated by a gain in universality, which is presumably B.'s reason for following this practice. The exponents of the literary school known as *verismo*, and especially Giovanni

Verga (1840–1922), had in any case demonstrated that setting one's stories in a precisely defined location does not necessarily affect their possible universal relevance.

I, i

1. **Palazzo di Giustizia:** 'Law-courts' (cf. Fr. *Palais de justice*). The other play by B. which has its setting in the law-courts is *Corruzione al Palazzo di Giustizia* (1944/5). Court scenes are also found in *Marito e moglie* (1943) and *Il giocatore* (1950). B., himself a practising judge, was constantly preoccupied in his writings with the theme of justice, and the majority of his plays take the form of an investigation, which is only sometimes, as in *Frana, Ispezione* (1945/6) and *Corruzione*, formal and immediately obvious. More often, the investigation proceeds, within the characters, at a strictly personal, almost sub-conscious level.

2. **ufficio istruttorie:** 'magistrates' office'. Continental legal practice is based on the code of Justinian, and comparisons with English law are inexact, but the *istruttoria* corresponds approximately to the proceedings in an English magistrates' court, where the preliminary evidence is sifted and a decision is taken on whether the case must go before a higher court.

3. **entrando in furia:** 'dashing in'. More usually *in fretta e furia*.

4. **già atteggiato a rispettosa estasi:** a heavily ironic comment on the judge's fawning attitude towards an influential superior. Trans. 'having already assumed a pose of ecstatic deference'.

5. **che voi ... eravate voi:** B., like many other writers of his generation, invariably uses *voi*, and not *Lei*, for the polite form of address. During the Fascist period (1922–43), the Italian government strongly encouraged the exclusive adoption of the forms with *voi*, but post-war writers have on the whole reverted to the third person singular forms with *Lei*.

6. **Un elemento ... eh, che meriterebbe:** 'A most ... er ... deserving case, you might say'.

7. **lí lí:** 'on the very brink'. i.e. of promotion. Cf. *Egli fu lí lí per riuscire*: 'He very nearly succeeded'.

8. **E' stato fatto presente:** 'It's been reported'.

I, ii

1. **Scena Seconda:** it is a convention of Italian playwriting that a new scene should begin whenever an important character leaves or enters.

2. **s'è alzato:** presumably he returned immediately after putting away Goetz's hat and coat in the previous scene, but B. has forgotten to say so.

3. **L'istruttoria:** see I, i, note 2.

4. **tac:** a monosyllable, without any precise English equivalent, of which Italians are inordinately fond, especially in a conversation containing lively descriptive passages. Since Parsc is here referring to the noise made by the landslide, we might translate 'Boom!'

5. **magari:** a word more commonly encountered in spoken than in written Italian. It frequently expresses some strong desire on the part of the speaker, but it has various shades of meaning, and its precise force will depend on the context. Here it simply means 'perhaps'.

6. **di uscire dal seminato:** 'to wander away from the issue'. *Lit.* 'to leave the sown field'.

7. **Ci vuol altro:** a colloquialism which expresses the speaker's vigorous rejection of whatever hypothesis he happens to be considering. Translate 'They'd better think again!' or '*They*'ve got a hope!' Another phrase with roughly similar force is *ci mancherebbe altro*, for which see II, v, note 5.

8. **Quindici anni di grado:** 'I've been doing this job for fifteen years'. *grado* means 'rank' or 'status', and Parsc is reminding Goetz that he has not been promoted for fifteen years.

9. **bè:** shortened form of *bene*: is, like *tac* (note 4), another conversational monosyllable in frequent use.

I, iii

1. **Giuseppetti Manrico, di Antonio:** Giuseppetti is a simple man, who feels bound on an occasion like this to offer his full legal name, as it would appear on official documents. It is customary to invert Christian name and surname in Italian legal and bureaucratic parlance, and also to give the Christian name of one's father, as here (*di Antonio*). The patronymic lessens the confusion that might otherwise arise from the fact that most Italians have only one Christian name. The possibilities of mistaken

identity are further reduced (or so it is argued) in that no Italian child can be christened with the name of its father.

2. **il primo interrogatorio:** an interrogatory is a set of questions put to an accused person. Parsc is thus referring to a statement which Giuseppetti is alleged to have made during the intitial stages of the investigation. We might translate: 'the statement you made to the police'.

3. **Eccellenza:** the correct English equivalent to this courtesy title in its present context would be 'Your lordship'. But the term used in American courts and in English county courts or petty sessions, 'Your honour', sounds a little more appropriate. In medieval times, only the sovereign was entitled to be addressed as *Eccellenza*. The title was appropriated by the Italian princes of the Renaissance, and later, when it was replaced by *Altezza* and *Maestà* to designate the sovereign, it became applied to ambassadors and ministers of the realm. Nowadays all the more important state officials, including high court judges, are addressed as *Eccellenza*.

4. **mi sono trovato ... Gaucker Riccardo:** 'I was at the site being worked by the firm Riccardo Gaucker'. Giuseppetti is of course repeating a statement, full of official jargon, which he has committed to memory.

5. **Stante la luce fioca ... :** 'The light being feeble ...'

6. **la notturna, la squadra notturna:** 'the night shift'.

7. **vi volete decidere?:** this phrase expresses a strong degree of impatience, and could be translated: 'come on, hurry up!'

8. **mica:** this adverb is frequently inserted for emphasis, after the verb, in negative sentences. It connotes 'not at all', for which the more usual form in the written language is *affatto*. Cf. the colloquialism *mica male*: 'not at all bad'.

9. **scaldandosi a freddo:** 'putting on a display of zeal'. *Lit.* 'becoming hot coldly', or in other words, making a conscious effort to appear angry.

10. **sono guai, credete pure:** 'you land yourself in trouble, believe me'. In this context, *pure* lends added force to the imperative. Cf. the expressions *fate pure* ('please do'), *andate pure* ('go by all means'), *entrate pure* ('do come in').

I, iv

1. **Piacere:** here, the judge offers a sarcastic rejoinder to the casual manner in which the mechanic has announced his presence.

In Italian, when people are introduced for the first time, it is customary for them to say '*Piacere*', which is equivalent to the English formula: 'How do you do?'

2. **siccome**: this word, commonly used in spoken Italian as a substitute for *poiché* or *perché*, is superfluous here, except that it serves to indicate the nervousness which lurks beneath Bert's outward display of nonchalance.

3. **Sta scritto qui:** Parsc is evidently alluding to the statement Bert has previously made to the police, in other words the *primo interrogatorio* (see I, iii, note 2).

4. **Si era spento tutto:** 'All the lights had gone out'.

5. **Non c'era la pendenza:** Bert is suggesting that the sides of the embankment were too steep.

I, v

1. **Gaucker:** yet another distinctly un-Italian surname. It will be noted that the names of the judges, that of the contractor, and that of the capitalist figure (Kurz) who appears in Act III, are all Germanic, though some of them have an unusual spelling (Parsc, Gaucker). Two of the characters, Holand and Bert, possess English-sounding names, but the spelling of the first is irregular, and the second is not a surname in English. Later in Act I the Irish name, Burke, crops up. The other characters have Italian names. Betti wrote this play when the Fascist dictatorship was firmly in power, and after its publication (1935) and first performance (1936), he was roundly abused in the Fascist press. In view of the play's very definite scepticism vis-à-vis the benefits of modern capitalism, and its questioning of authority, we may assume that it was not only the desire to achieve universality which induced B. to choose a foreign setting and unItalian surnames for his principal characters. Had he done otherwise, it is doubtful whether the play would have passed the censorship.

2. **Pare che lui sia fuori:** 'It seems he's quite innocent'. The use of *lui* as a subject pronoun is now restricted almost entirely to spoken Italian. In written Italian, the more usual form is *egli* or *esso*, except when the pronoun carries some special emphasis (e.g. *Sua sorella andò in città, ma non lui*).

3. **insomma:** this word, often preceded by *bè*, is extremely common in Italian speech. Its purpose may be described as that of filling the pause immediately before the speaker utters a

conclusive statement. There is no real English equivalent, but its general meaning is 'in conclusion' or 'in brief'. The phrase *Ma insomma!*, standing alone, expresses extreme impatience (see I, v, p. 12).

4. **lo:** conjunctive pronouns are frequently used pleonastically in Italian.

5. **75 centesimi:** despite the fact that the play is set in a foreign country, the Italian currency system is adopted throughout. In 1935, the Italian lira was worth 2½d., so 75 centesimi would suggest a very small sum to an Italian audience. In Act III, there is a reference to some biscuits for which one of the workmen had paid 60 centesimi. But as we discover from the café waitress in Act I, these biscuits weighed only *un mezz'etto*, or less than two ounces. Also in Act I, it is stated that the workmen were paid an additional 20 centesimi per hour for overtime work. Their conditions of employment must indeed have been positively Dickensian, for even the strongest of them, Burke, earned no more than 200 lire (about two pounds) per week. The only other reference to money occurs when the deaf old lady, Signora Mosca, claims that her son used to give her ten lire per week.

6. **libretto:** 'identity-card'. The word reappears in Act II [*queste ragazze* (AMMICCANDO) *prenderanno il libretto*, p. 39], where it is clear from the innuendo that this is a reference to the document which Italian law required prostitutes to carry. Prostitution has now been deprived of official sanction in Italy, largely because of the untiring persistence of the socialist woman senator, Maria Merlin, whose bill decreeing the end of state-controlled prostitution was passed by the Italian parliament in February 1958.

7. **il taglio del terreno . . . in piena regola:** 'marking out the ground . . . in full accordance with the regulations'.

8. **Si sono messi d'accordo:** 'It's all a conspiracy'. *Lit.* 'They have come to an agreement with each other'. Bert is suggesting that Gaucker used corrupt methods to secure the approval of the members of the sub-commission.

9. **Ferroviaria . . . Elettro-ferroviaria:** 'Railway Company . . . Electric Railway Company'. The word *Società* ('Company') is understood.

10. **Voi stesso . . . gli avreste dato il permesso:** 'You yourself gave him permission'. The phrase is not conditional, but the

verb takes the conditional form because it is a reported statement, as yet unconfirmed. A slightly different use of the conditional occurs later in this scene, when the girl from the café says: *Sarebbe stato uno scherzo* ('It was just a joke'). In the latter instance, the conditional indicates that she is offering her own tentative interpretation of what had occurred.

11. **inchiodati**: note the plural form. The speaker is thinking, not only of himself, but of the workmen in general. Cf. the impersonal construction in which the third person singular of the verb, preceded by the particle *si*, is followed by a plural adjective (e.g. *si è stupiti*, 'one is astonished': *si diventa arrabbiati*, 'one gets very cross').

12. **Hanno lasciato di vuotarla**: 'they stopped draining it away'.

13. **magari**: see I, ii, note 5, Here *magari* has the meaning 'probably'.

14. **un bar**: as frequently happens with words which Italian has borrowed from English, *bar* has undergone a slight semantic change (cf. *un golf*, 'a pullover or cardigan': *uno smoking*, 'a dinner jacket': *un flirt*, 'a casual love-affair', etc.). *Un bar* is really a café, which dispenses not only alcoholic drinks but also other beverages such as coffee and tea, as well as sweets, biscuits and other delicacies. It may also sell tobacco and cigarettes, in which case it will sell postage-stamps too.

15. **Ma guarda un po'!**: an expression conveying a strong degree of surprise. An approximate English equivalent would be 'Well, I'll be hanged!'

16. **Sarebbe stato . . . sarei . . . Sarebbe stato**: these conditionals indicate the girl's rooted unwillingness to commit herself to any direct statement (see note 10), and are equivalent here to *Era . . . sono . . . Era*.

17. **mezzo etto**: *etto* is an abbreviation of *ettogrammo* ('hectogram'), which is a tenth of a kilogram. A kilogram is approximately 2.2 pounds, and so half a hectogram is slightly less than two ounces.

18. **mi spiego?**: 'you see?' This interpolation is a further indication of the girl's lackadaisical manner of talking.

19. **gli**: the indirect pronoun takes the place of a possessive adjective (*sui suoi biscotti*).

20. **Guardatevi un po' in faccia**: 'Would you mind facing each other?' To settle a dispute over facts, witnesses in Italian

courts may be called upon to face each other, a procedure for which the official term is *Il confronto delle testimonianze*.

21. **Sei te:** a purely dialectal construction. The correct form is *Sei tu*, but one would not in any case expect the second person singular here. The explanation is that in the dialect of the Marche, the region where B. was born, there is no distinction between colloquial and 'polite' forms of address, everybody being addressed as *tu*. The playwright, wishing to supply a dash of local colour to the woman's speech, is drawing upon the dialect characteristics of his own region.

22. **Parte lesa:** a legal term, for which the English equivalent is 'injured party'.

23. **Sta a vedere che adesso . . . ci mancherebbe questa:** 'In a minute she'll be telling you . . . oh, this woman is the last straw!' The expression *sta a vedere* ('wait and see') is a formula used by one who is protesting against something he considers to be outrageous or unreasonable. *ci mancherebbe questo* conveys extreme frustration, and is uttered when some obstacle or impediment turns up to aggravate an already difficult situation.

24. **Cosa volete saperne!:** not 'What do you want to know about it?' but 'What can you know about it?'

25. **voleva mangiargli il cuore:** 'he would break the fellow's neck'. Note the distinction between this and the more common expression *mangiarsi il cuore*, which means 'to eat one's heart out' or in other words 'to suffer in silence'.

26. **Risulta che non ha detto questo!:** 'He never said anything of the sort!' Cf. phrases like *Le accuse mossegli risultarono false*, 'The accusations brought against him turned out to be unfounded'.

27. **la conciava a sangue:** 'used to beat her up'.

28. **Ci penso io per voi:** 'I'll deal with you later'. See *L'aiuola*, II, ii, note 1.

29. **due libbre:** the pound is not used as a unit of weight in Italy. It is conceded that the action is taking place *in una città straniera*, but why should an earlier witness have referred to 'un *mezzo etto* di biscotti'? B. is being inconsistent over details.

30. **sono ventisei anni che mi trovo qua in mezzo:** 'I've been stuck in this place now for twenty-six years'.

31. **ci si fa un tantino il callo:** 'one is inclined to get into a rut'. *Fare il callo a qualche cosa (callo, lit.* 'corn') means 'to become hardened, or accustomed to something'. Parsc is typical

of a whole series of Bettian characters: a middle-aged man who has lost the enthusiasm and idealism of his youth, and who has settled into an animal-like and basically meaningless routine, with a consequent suppression of the intellectual faculties. It is against this state of mental and spiritual inertia that B.'s heroes and heroines stage their rebellion.

32. **Voi sí, che avete fatto carriera!**: 'You really *have* made your way up in the world!' For a similar construction, see *L'aiuola*, II, viii, note 4.

33. **sopraluogo**: as we shall see, this will be carried out in Act II. In English juridical practice, it is extremely rare for a judge to inspect the scene of an alleged crime, but when it happens, one would speak of the judge 'visiting the *locus in quo*'. The expression 'investigation *in situ*' is also used, but on the whole (since Gaucker is a layman and would not adopt esoteric legal terminology) the translation 'on-the-spot investigation' seems more suitable.

34. **Da che è successa la cosa . . . per tirare avanti:** 'Since this thing happened, I've been reduced to copying out blueprints, in the evenings, so as to make ends meet'.

35. **'Arrangiatevi!'**: 'Get yourselves organized!'

36. **Risulta dieci**: 'Ten degrees, it says here'. Gaucker has claimed that the gradient of the embankment was twelve degrees, but Parsc, referring presumably to the police report which he has in front of him, points out that it was steeper, and therefore more dangerous. Normally, Italians use the English method of expressing gradients (e.g. *uno in sette*: 'one in seven'). I am assured by an Italian who is an expert in these matters (Dr Pietro Sillano) that B. is obviously using some other system, because no embankment with a gradient of either one in twelve or of one in ten would ever be in danger of collapsing. Probably, the system to which these figures refer is one measuring the gradient in degrees with respect to the vertical. But even so (as Dr Sillano points out), the difference between the two measurements is so infinitesimal that it would have no significance in a court of law.

37. **il nulla osta**: 'the official all-clear'. The term, which entered Italian legal terminology in the 19th century, is based upon the Latin *nihil obstat*.

38. **me la**: both pronouns are used pleonastically.

39. **Domando una perizia**: 'I demand that you call expert opinion'. The terms *perito* ('expert witness') and *perizia* ('expert

evidence') are precisely defined in the Italian legal code, so that the judge's authority will not be undermined.

40. **un uomo gramo:** 'a pain in the neck'. *Lit.* 'a wretched man'.

41. **Chi stava sotto a lui gli veniva il mal di cuore:** 'All his employees used to get thoroughly fed up'.

42. **L'altro anno:** 'the year before last'. Cf. *l'altro ieri:* 'the day before yesterday'.

43. **Era un coso, un gattino:** 'It was a what-do-you-call-it, a kitten'. The masculine *un coso* is used (like the French *un truc*) when the speaker is momentarily at a loss for the right word or phrase.

44. **Sedete pure:** see I, iii, note 10.

45. **Ma io devo spiegare:** for a note on B.'s frequent use of the verb *spiegare*, see *L'aiuola*, II, ii, note 4.

46. **faccia macchiata:** 'spot-face' (*lit.* 'stained face'). This uncomplimentary description is of special significance in that it serves to underline the imperfection which B. regards as being inevitable in man. B. has been aptly called 'the dramatist of original sin', because his plays are littered with symbols suggesting the consequences of man's first disobedience. In this instance, B. makes his meaning perfectly clear a little further on, when Gaucker, referring to the mark on his face, says: *Ci sono nato, non è colpa mia.* A further example of the 'blemish' motif is seen in Act III, where the girl Nasca tries repeatedly to rub away a stain from her dress (*Nasca ogni tanto torna a pulire un punto della sua veste, come se vi fosse una macchia* — p. 49)

47. **E' permesso?:** frequently shortened to *'Permesso?'*, this phrase is roughly equivalent to English 'May I?' The object for which permission is sought (e.g. getting through a crowd of people, entering a person's room after knocking, etc.) will be obvious from the context in which the phrase is uttered.

48. **Witteal:** the name of the town is of course invented.

49. **Forse avete studiato a Witteal? Nel collegio?:** the relevance of the judge's questions will become clear towards the end of Act II (p. 36).

50. **il cannone di mezzogiorno:** 'the twelve o'clock gun'. A device, once in widespread use and now almost universally replaced by the siren, for informing workpeople that it was time to suspend work for lunch. Until a few years ago, the one o'clock gun was a well-known and unfailingly reliable institution of the

Liverpool waterfront. Betti introduces the sound-effect in order not only to provide an effective climax to the chaotic happenings in the court-room, but also to emphasize his contention that the men and women of his generation are becoming slaves to the machine, thus losing their identity as individuals. The same general view of modern society is taken by the German expressionist playwright, Georg Kaiser (1878–1945), who would seem to have had some influence on Betti when he was writing this play. The idea that the machine is responsible for some of the evils of modern society is further developed in the speeches of the short-sighted witness in Act II (pp. 38–9).

51. **ha fatto un po' impressione:** 'caused quite a stir'. See *L'aiuola*, I, vi, note 1.

I, vi

1. **Dopo che li ho sfamati:** 'That's how they thank me for saving them from starving'. *Lit.* 'After I have appeased their hunger'.

2. **Gaucker:** the fact that Gaucker's wife addresses him by his surname is indicative of the servant-master relationship on which their marriage is based.

3. **Sono sicuro, ho la coscienza a posto:** 'I have nothing to fear, my conscience is clear'.

4. **di farla finita, ecco cos'è!:** 'to put an end to it all, that's what!' This is no idle threat, as we are to discover in the next act.

5. **Signori, si chiude:** 'We're locking up, gentlemen'.

II, i

1. **lo Scalo Nord:** 'the North Station'. A *scalo*, in railway terminology, is a station which handles goods traffic. One presumes the landslide to have taken place near the station, during operations for the construction of a new line. Hence the earlier references to the *scarpata*, or 'embankment'.

2. **Il mio principio . . . Proprio cosí:** with this irrelevant snatch of dialogue about shoes, and a later fragment on the subject of colds, B. is seemingly intent on showing the aimlessness of most general conversation. Whether such a purpose is sufficiently important to merit the introduction of two pairs of new characters is extremely doubtful. *Frana* is an early work, and B. will not allow himself such luxuries in the plays of his more mature period.

3. **Cosa volete principiare! Un cancelliere . . . :** 'What do you expect a justices' clerk to know about such matters?'

4. **mettiamo:** 'for instance'. An alternative form is *poniamo*.

5. **il fischio prolungato di un treno:** B. shows what some would consider an excessive predilection for off-stage sound effects. The train-whistle is followed a few moments later by the strains of dance-music.

6. **E' sempre un gran ballabile:** a *ballabile* is a dance tune. The tone of Holand's remark is both apologetic and ironical. English idiom would require some translation such as 'Still hammering out the same old tune'.

7. **Non vorrei . . . Sono un po' delicato:** many of Betti's characters are distinctly hypochondriacal. The classic example is the leading character of *Delitto all'isola delle capre* (1946), a plausible young libertine called Angelo, who reacts like a raving lunatic when he discovers that the girl whom he has seduced has made an attempt on his life (*op. cit.*, II, v). The second play in the present volume contains a further instance of this pathological dread of death, in the character of the ageing politician, Nicola. The frantic desire to remain alive at all costs, even at the price of one's honour or self-respect, is for B. one of the less endearing of human characteristics.

8. **Ercole:** Hercules, in ancient Greek mythology, was the possessor of superhuman strength and vigour.

9. **Non fo per dire:** 'Well, I don't want to boast, but . . . ' This expression, conveying false modesty, is of respectable ancestry. Carducci's well-known poem, *Davanti San Guido*, contains the lines:

> *Se voi sapeste! . . . via, non fo per dire,*
> *Ma oggi sono una celebrità.*

10. **'Messico adorato . . . giardino incantato . . . ':** the words are those of a popular song of the period when the play was written. B. did not choose the song entirely at random, however. Its banal description of Mexico as an 'enchanted garden' has new implications when the song is introduced in a play containing other allusions to original sin (see I, v, note 46) and to the theme of exile. A reference to the same song occurs in one of B.'s short stories, *Una giornata: Qualcuno sulla piattaforma canticchia sottovoce 'Messico, giardino incantato'* (p. 28 of *Le case*, Milan, Mondadori, 1933).

II, ii

1. **che voi non c'entrate:** the meaning is not 'that you mustn't come in here', but 'that this doesn't concern you'.

II, iii

1. **Dove eravamo rimasti?:** 'Where did we get to?' Parsc is drawing up a report of his investigation *in situ*, and dictating it to Holand.

2. **Guardate qua in che stato:** 'Just look what a state I'm in'.

3. **Un cuore inumano, signore:** 'A perfect beast, sir'. Notice the fawning servility of the clerk's replies throughout this scene. An excessive regard for one's professional superiors is a frequent target for Betti's satire. A good instance is the behaviour of the minor judges towards their seniors in *Corruzione al Palazzo di Giustizia*, and we have already seen a further example in I, i, where Jud and Parsc fall over each other to assist Goetz in removing his overcoat.

4. **questa storia mi fa star male:** 'this affair is getting me down'.

5. **Ce l'ha con Kurz:** 'He's got it in for Kurz'. *avercela con qualcuno:* 'to bear a grudge against someone'.

6. **Quello è l'Olimpo:** Olympus, a mountain on the border of Macedonia and Thessaly, was the traditional home of the ancient Greek gods. Holand is attempting, somewhat ineptly, to stress Goetz's power and influence. A possible English rendering would be 'He's the Lord God Almighty'.

7. **Mi ci vorrebbe un tight:** 'I'd need to dress up'. A *tight* (sometimes Italianized to *tait*) is in fact a morning-coat. What Parsc really needs is tails, for which the Italian is *frac* or *marsina*. See I, v, note 14 for some further examples of Anglicisms which have undergone semantic change in Italian.

8. **E' toccato . . . toccherà la condanna:** 'It was simply their misfortune. And it'll be the misfortune of these others to be sent to prison'. *toccare a qualcuno* is a common construction in Italian, and has the general meaning of 'to be somebody's turn'. Its precise meaning will depend on its context. *condanna* is a legal term whose English equivalent is 'sentence'.

9. **tenendosi sulle generali:** 'sticking to generalities'. *f. pl.* because *cose* is understood.

10. **L'altr'anno:** see I, v, note 42.

11. **Altro che preoccuparsi. . . . Altro che sentimentalismi:** 'Worry gets you absolutely nowhere. . . . It's no use getting sentimental about it'. An exclamatory clause introduced by *altro che* implies rejection mixed with impatience.

12. **onorato:** 'preening himself'. (Because Parsc is taking him into his confidence).

13. **Quando si dice . . . :** 'Quite a coincidence . . . '

14. **Per carità:** 'Good heavens, no!' *Per carità* is used as an emphatic alternative for *per piacere* or *per favore* (i.e. 'for pity's sake' as distinct from 'please'). When standing alone, as here, the phrase conveys the speaker's forthright dismissal of whatever has just been said.

15. **Una carezza, signore!:** 'A little angel, sir!'

16. **Una faina:** 'An ugly old fogey'. This is the figurative meaning of *faina*, which literally is a marten, a kind of weasel, known to zoologists as *mustela faina*.

17. **Sapeste io, col mio fegato:** 'You should see me, when my liver's acting up!' *sapeste* is subjunctive, and *sapeste io* is a contracted conditional clause, with *se* suppressed (i.e. *se sapeste la faccia che ho io*, etc.).

18. **Cosa volete!:** 'What do you expect?'

19. **ce l'avevo con mio padre:** see II, iii, note 5.

20. **E adesso . . . eccomi qui: preciso:** 'And now . . . just look at me: a carbon copy'.

21. **Le prime volte che uscivo, per leggere la condanna:** in law-courts that do not use a jury, it is the judges themselves who, at the conclusion of the hearing of evidence, retire to consider their verdict. They prepare a report of their findings (this is the *sentenza*, or judgment), which concludes in the case of persons found guilty with the *condanna*, or sentence. We should however note that the word *sentenza* occasionally refers only to the actual sentence (see III, iii, note 28). Parsc is here referring to the moment when he would return to the court-room in order to read the findings and pass sentence.

II, iv

1. **figuratevi:** this form of the verb *figurarsi* (or an equivalent form like *figúrati* or *si figuri*) is of frequent occurrence in colloquial Italian. It is an exclamatory expression, roughly equivalent to English 'only think!' or 'just imagine!' When standing by itself, it can mean 'Of course'.

2. **gli mancava poco per ingegnere:** 'he only just missed becoming a qualified engineer'.

3. **Sentite questa:** *questa* is *f.* because *storia* is understood.

4. **Non c'è mica il caso. . .?:** 'Could he, by any chance . . .?' *Lit.* 'Is there not at all the chance . . .?'

5. **Per carità:** see II, iii, note 14.

II, v

1. **Del carbone. Un braciere:** obviously, Gaucker has attempted suicide. But these cryptic references to coal and a brazier leave us with some element of doubt concerning his chosen method. Presumably, having locked himself in his *sgabuzzino* (p. 27), he then lit a coal fire in a watchman's coke-brazier and waited to be overcome by the fumes.

2. **Finisce che ci rimetto io:** 'I'm the one to suffer, at the finish'. Cf. *Ci ho rimesso la salute:* 'I've ruined my health'.

3. **Certe volte, si sa, occorre farsi valere:** 'Everybody knows that one has to assert one's authority, on certain occasions'. In a previous scene (II, iii) Parsc has referred ruefully to his own brusque manner of speaking (*Forse è per via della voce, questo tono di voce. Mi è venuto così, a poco a poco* — p. 30), and his attempt here to find excuses for Gaucker is really a consciously futile exercise in self-justification. It is indeed by being confronted with Gaucker's sorry predicament that Parsc is stirred into an awareness of his own weaknesses, and his resultant humility eventually makes possible the play's intensely humane ending.

4. **Si sa benissimo d'essere ingiusti, odiosi:** for the plural forms, see I, v, note 11.

5. **Ci mancherebbe altro:** trans: 'It just isn't true'. See I, ii, note 7.

6. **me la sono vista:** 'I saw her'. This verb is not usually reflexive, but when it is, it follows the rule that reflexive verbs must be conjugated with *essere*.

7. **Lei mi dava ragione:** 'She agreed with me'.

8. **Per notti e notti mi sono messo a pensare:** 'Night after night I've sat thinking'.

9. **Quelli rimasti là sotto:** 'The ones who were buried'.

10. **un vento sulla faccia:** the wind is one of B.'s favourite symbols. It is introduced in nearly all of his plays, and *Il vento notturno* is the title of what is possibly the most lyrical of his

works for the theatre. In the second play in the present volume, *L'aiuola bruciata*, the wind is heard (Act I, Scene ii) blowing across the mountainous frontier between the two neighbouring states, as if to underline their mutual antagonism. The wind in *L'aiuola* and in many another of B.'s plays is also associated, as it is here, with the borderland between life and death.

11. **alla figlietta nostra:** we now see why Gaucker had said earlier (p. 35): *Sapete, siamo rimasti noi due soli*. Like Giovanni in *L'aiuola bruciata*, he is a bereaved father. But whereas the reference to a dead child in this earlier play comes uncomfortably close to sentimentality, in *L'aiuola bruciata* the child's death and the manner of it are closely connected with the play's major theme — the relationship between public and private responsibility.

12. **Sentimi:** note the abrupt change to the colloquial second person form of address.

13. **quello di quinta, il magrino:** 'the scrawny little fellow in the fifth'.

14. **—No. No.—:** dashes are commonly used in Italian typography as a substitute for inverted commas.

15. **E' un inconveniente piú in grande:** 'The real trouble lies much deeper'. *Lit*. 'It is a trouble on a larger scale'. For the construction with *grande* preceded by the preposition *in*, cf. the expression *fare le cose in grande*, 'to do things on a grand scale'.

16. **ma non sto troppo bene, da un po' di tempo:** see II, i, note 7.

17. **L'alluminio. Le ferriere riunite:** 'Aluminium. Amalgamated Iron'. The titles are those of imaginary industrial concerns in the unspecified country where the play is being enacted.

18. **... che noi tutti si sia ... :** '... that we are all being ...' This curious-looking construction, wherein a first person plural pronoun appears to govern a reflexive third person singular of the verb, is of fairly common occurrence in colloquial Italian. There are several further examples in the two plays contained in this volume, e.g. *Frana allo scalo nord*, II, v, page 41; *L'aiuola bruciata*, II, i, p. 82, and II, iv, p. 95.

19. **I vostri manovali ci hanno lasciato le ossa:** 'That's where your workmen came to grief'. *Lit*. 'Your workmen left their bones in it'.

20. **prenderanno il libretto:** for the meaning of this phrase,

see I, v, note 6. One could plead translator's licence for some such rendering as 'they'll dispense love at the standard prices'.

21. **poniamo:** see II, i, note 4.

22. **l'autobus tale la taglierà cosí:** 'bus number so-and-so will run over her thus'. *tagliare* is here used with the meaning 'to cut off from life'. The allusion to the little girl being run over by a bus will be of special interest to Parsc, who has previously (p. 29) described just such an incident, in his conversation with Holand. B. has probably overlooked the fact that the short-sighted witness was not present in the earlier scene.

23. **Ma che vi salta, ora, che c'entra?:** 'What's the matter with you now? What bearing does it have on the issue?'

24. **il processo Gaucker:** 'the Gaucker case'. This is the first indication that the investigation has resolved itself into a process against Gaucker, of whom Parsc had originally said: *Pare che lui sia fuori.*

25. **L'abilità:** 'The secret'.

26. **Dal momento che. . . . Solo si va piú presto:** 'From the moment that we come permanently under his control, we simply move round and round, faster and faster'.

27. **che so io, d'impazzire:** there is no satisfactory way of translating the expression *che so io* (cf. Fr. *que sais-je*) into English. The implied hesitation can perhaps best be rendered by a brief pause: i.e. in this instance, 'of . . . of becoming insane'.

28. **Non ho potuto ricordarmi preciso:** 'I couldn't remember distinctly'. The adjective here has an adverbial function.

29. **'eh, questa stagione, signore, speriamo bene':** this vague observation about the weather needs some expansion in order to become intelligible in English. A possible rendering would be 'Can't trust the weather, sir. Let's hope it'll turn out all right'.

30. **nemmeno il nome!:** see the beginning of I, v.

31. **noi si sta qui:** see II, v, note 18.

32. **non so che farmene!:** 'I have no use for them'.

33. **mi fa andar via la testa:** 'is making my head spin'.

34. **Sembra di sognare, in coscienza:** 'Frankly, I don't know whether I'm awake or dreaming'.

35. **sono capace di piantar lí tutto:** 'I've a good mind to wash my hands of the whole business'. *Lit.* 'I am capable of abandoning everything'.

36. **i tre che stanno in attesa:** these are the three workmen

L

who were killed as a result of the landslide. Their names are
Tomaso Burke, Felici Imparato and Carmelo Aiello (see the
opening of I, v). But when the three figures make their spec-
tacular appearance in the court-room during Act III, one of
their number is the girl, Orsola Nasca, who was earlier described,
not as being dead, but as one who *crede anche lei d'essere morta là
sotto*. B. thus appears to have confused the dead with the living.
An error of this sort over an important detail of the plot is probably ascribable to haste in composition. But it is just possible
that the author intended by this means to imply that the men-
tally-deranged survivors of the accident (*i più infelici*—I, iv) were
no better off than those who actually died. If so, it is a device of
questionable effectiveness.

III, i

1. **Sempre osservazioncelle – tac – :** the force of the di-
minutive and of the word *tac* (for which see I, ii, note 4) might
be conveyed by translating thus: 'Neat little incisive obser-
vations'.

2. **voialtri:** this form is occasionally used instead of *voi* to
emphasize the distinction between the speaker and those whom
he is addressing. A parallel form is *noialtri*, for *noi*.

3. **un po' in là:** 'a little further (than we expected)'.

4. **la sentenza:** 'the judgment'. See II, iii, note 21.

5. **Colpi di scena! Colpi di scena!:** a literal translation
would demand recourse to the French: *coups de scène*! But since
in effect the usher is echoing the public's excitement, his reply
here could perhaps be rendered thus: 'You're right. It's as good
as a novel!'

6. **contro la Società! contro lo Stato!:** the burden of the
short-sighted witness's remarks, both here and in the previous
act, is indeed an indictment of society and of the state. It has
been aptly said, in connection with another play, that B. 'puts
the world on trial'. And although, in *Frana*, the short-sighted
witness will be seen to have strong personal reasons for his
aggressive viewpoint, there can be little doubt that the author
shares some of this character's misgivings about contemporary
social and political trends. This is why the fascist press took
such exception to the play at the time of its first performance.

7. **trusts:** it is distinctly unusual for nouns imported from
English to have a plural form which differs from the singular.

8. **Tiratelo appena fuori da quelle quattro cifre e sentirete:** 'Just catch him away from his desk, and you'll see what sort of a man he is'. *Lit.* 'Just draw him away from those four figures and you'll see'. *quattro* in this instance connotes 'a few', as in expressions like *vado a far quattro passi*, 'I'm going for a short walk'. Also, we should note that apart from its normal meaning of 'to hear', the verb *sentire* can apply to any of the remaining four senses.

9. **Andare in fondo:** 'Go to the heart of the matter'.

10. **Frasi! Frasi!:** 'Words! Words!'

11. **Sia citato:** 'Let him be summoned (to appear)'.

12. **il signor Kurz:** the sensational arrival of Mr. Kurz at this point is a *coup de théâtre*, reminiscent of Madame Pace's entrance in Pirandello's *Sei personaggi in cerca d'autore*. What is most striking is the contrast between his reputation as a powerful industrialist, and his wan, elderly and unprepossessing appearance. Kurz is a symbolic figure, through whom B. underlines the essential weakness of a society which, in its single-minded pursuit of materialistic goals, callously disregards the aspirations of individual men and women towards a more meaningful and dignified existence.

III, ii

1. **Si forma un largo di gente:** 'People stand back on either side'.

2. **Sarò stato un po' aspro:** 'Perhaps I *have* been a little too harsh'. The future perfect implies that the statement is probably true.

3. **Non ho saputo farmi voler bene:** 'I wasn't able to arouse people's love'.

4. **C'è qualche cosa?:** 'Is there something wrong?'

5. **Non ero piú nella pienezza:** 'I wasn't the man I used to be'.

6. **Lui ha studiato a fondo il sistema:** 'He's studied the system from A to Z'.

7. **Mi hanno ridotto bene, andate là:** 'They've made a fine mess of me, I can tell you'. Cf. *guardi come sono ridotto*, 'look what a state I'm in'. The expression *andate là* implies a certain degree of contempt ('don't be silly') which it is difficult to convey adequately here.

8. **I vecchi, poi, quelli ci pensano i figli, a schiacciarli:**

138 NOTES TO FRANA ALLO SCALO NORD

'As for the old people, it's their children who see to it that they are crushed'. For the idiomatic *ci pensano*, see *L'aiuola*, II, ii, note 1.

9. **Tutti quanti!:** 'The whole lot of you!'

10. **Impiegato in pianta stabile:** 'A clerk ... employed full-time'. Cf. the bureaucratic term *personale in pianta stabile*, 'permanent staff'.

11. **Sostegno di famiglia:** 'Breadwinner'.

12. **Abbiamo i gomiti proprio brillanti:** a literal translation ('We have really shiny elbows') is obviously inadequate. 'I belong to the shiny sleeve brigade' would come a little closer to the weakly humorous original. For the construction, cf. *avere i gomiti rotti*, 'to be out at the elbows'.

13. **che colpa volete che abbia:** 'how can you say I'm to blame?' *Lit.* 'what blame do you want me to have?'

III, iii

1. **due uomini e una donna:** see II, v, note 36.

2. **Carmelo! Carmeluccio!:** the *-uccio* suffix, with its over-tones of tenderness, would seem to indicate that the deaf old lady is Aiello's bereaved mother. But on her first appearance in Act I, Holand gave her name as Beatrice Mosca, and Gaucker asserted that '*Suo figlio è vivo!*' It therefore seems that B. is once again being inconsistent over a detail of plot.

3. **Nasca ogni tanto ... come se vi fosse una macchia:** the girl's repeated nervous gesture is of course symbolic. See I, v, note 46.

4. **noialtri:** see III, i, note 2.

5. **perché era carnevale:** 'because it was carnival week'. The carnival is a time of feasting and merrymaking in the period before Lent. Its duration is determined by local custom and tradition, but it reaches its climax during Shrovetide.

6. **Evvia:** an exclamation (*e via!*) implying an extreme degree of frustration or incredulity. A suitable rendering would be: 'Oh, this is impossible'.

7. **bisognerà bene che ci sia:** 'there really must be'.

8. **vero?:** an abbreviated form of *è vero?* Note that in English, the same effect is achieved by repeating, in negative form, the auxiliary of the verb: 'You were walking in the rain, weren't you?'

9. **golf:** 'cardigan'. See I, v, note 14.

10. **Siamo poveri stracci. . . . Poveri diavoli! Ci vuol altro!**: these impassioned outbursts by Giuseppetti and Holand present problems to the translator. Both characters are expressing the apparent helplessness of man against the inexorability of fate, in terms which recall a passage from B.'s introductory essay to his first published play, *La padrona*, where he writes that *Siamo tutti povere creature inquiete, e vorremmo almeno capirlo, a che cosa serve questa enorme, bizzarra incongruità fra quello che è la nostra esistenza e quello che essa dovrebbe essere secondo l'animo che ci fu dato.* Giuseppetti's words could be rendered, loosely, as follows: 'We're poor and weak, that's our trouble!' (cf. the expression *gli stracci van sempre all'aria*, 'the weakest go to the wall'). Holand's words could be rendered, no less loosely, as follows: 'We're a lot of poor devils! We need something better to live for!'

11. **che io resti fulminato**: 'may I be struck dead'.

12. **i codici legati di rosso**: 'the lawbooks bound in red'. To be more specific, the *codici* are the codes of the various branches of the law (e.g. *codice civile*, 'civil code'; *codice commerciale*, 'commercial code'; *codice penale*, 'penal code'). Unlike Britain, countries where Roman law is practised possess written legal codes, based in their essentials upon the *Corpus iuris civilis*, or the codifying legislation of the Roman emperor Justinian (A.D. 527–65).

13. **tiravo avanti**: 'I plodded on'.

14. **Sono stanco, caro signore, di fare il pagliaccio qua sopra**: 'My dear sir, I'm sick to death of sitting up here playing the fool'. The word *pagliaccio* became synonymous with a clown or buffoon because the comic characters of the *commedia dell'arte* wore rough linen garments which resembled the outer covering of a straw-mattress. The term became more widely diffused as a result of the popularity of the short opera by Ruggiero Leoncavallo (1858–1919), *I Pagliacci*, which was first performed at Milan in 1892.

15. **Lo volete sapere che c'è?. . . . una vigliaccheria**: 'You want to know what the matter is? There's too much confusion, too much mess, too much cowardice'. This rendering is not of course literal, but the lines defy completely satisfactory translation.

16. **Lo volete capire che sono tutte pagliacciate?**: 'Can't you understand that this whole affair is absurd?'

17. **Noialtri adesso si prende il cappello**: see III, i, note 2 and II, v, note 18.

18. **Tutto uguale, capito?**: 'Everything's the same as before, you see?' Elliptical form of *Tutto è uguale, hai capito?*

19. **buonanotte . . .** : 'and there's an end to it'.

20. **Nemmeno questo vi va?**: 'Is there no way of pleasing you?' *Lit.* 'Doesn't this suit you either?'

21. **ne hanno smossa di terra, queste mani**: Gaucker is pointing out that a large part of his life has been spent in manual toil. Trans: 'these hands have shifted a great deal of earth'.

22. **avremo**: future of probability.

23. **S'accapigliavano . . . il compagno**: 'A little while ago, they were falling over each other to establish their own innocence and leave their companions to face the music'. (*Lit.* 'leave their companions in the pitch'.)

24. **tutti per una strada**: some expansion is called for here. Trans. 'they were all moving together along the same road'.

25. **Considerato . . .** : from this point to the end of the play, the language becomes solemnly ritualistic, as Parsc delivers his long-awaited judgment. Note that the judgment is in two parts, of which the first (introduced by the word *Considerato*) contains the judge's findings, and the second (introduced by the formula *Per questi motivi. In nome di Dio; in nome della legge; noi dichiariamo*) contains the highly unorthodox 'sentence'.

26. **pane**: in a very literal sense, this is the 'bread of life'. In another of B.'s plays, *Ispezione* (1945/6), one of the characters is a cantankerous old woman who in her better moments evokes the innocence of her childhood by singing the hymn: *O vivo pan del ciel*. In the present context, *pane* stands for the sum total of the characters' achievements in the course of lives spent in toil and hardship.

27. **Hanno paura che esso vada perduto**: *andare* occasionally replaces *essere* as the auxiliary verb in compound tenses.

28. **sentenza**: in this particular instance, *sentenza* stands for 'sentence', whereas previously it had the meaning of 'judgment'. See II, iii, note 21.

L'AIUOLA BRUCIATA

I, ii

1. **addirittura una visita . . . tu addirittura!**: in translating the word *addirittura*, for which dictionaries usually supply some such equivalent as 'directly', 'immediately', 'positively', etc., account must be taken of its particular context. Its force would be conveyed in the present two instances by 'an actual visit' and 'you in person'.

2. **La cantoniera**: 'The road-keeper's house'. A common abbreviation for *la casa cantoniera*, which is a house occupied by one who is responsible for the upkeep of a section either of the high-road or of the railway-track in country districts. In isolated, hilly regions a *casa cantoniera* is frequently the only sign of human habitation over a wide area of the countryside.

3. **a due passi**: 'a stone's throw'. *due* sometimes stands for an imprecise small number, like the English 'a couple of'. *quattro* is similarly used in expressions like *vado a far quattro passi*, 'I'm going for a little walk'.

4. **confine**: note how, throughout this first encounter of Giovanni and Tomaso, the dialogue conveys an impression of the isolated frontier-region where Giovanni has chosen to retire with his wife. The frontier image occurs in two other late plays by B.: *La regina e gli insorti* (1949) and *La fuggitiva* (1952/3). The frontier in *L'aiuola bruciata* clearly has associations with the act of dying, as well as being, like the Berlin wall, the dividing line between two political ideologies.

5. **Il Pian dei Fiori**: the 'Plain of Flowers' has parallels in other plays by B. [e.g. 'Il Balcon dei Monti' in *Acque turbate* (1948), 'La Riva delle Ninfe' in *Una bella domenica di settembre* (1935), 'La Madonna dei Monti' in *Il paese delle vacanze* (1937)]. These imaginary localities evidently have a symbolic function, which is related to the theme, frequently alluded to in B.'s plays, of man's expulsion from Paradise. The *Pian dei Fiori* may possibly have been suggested to B. by a wide fertile plateau known as Colfiorito, which is situated high in the Appennines between Foligno and the dramatist's native town, Camerino.

6. **dall'altra guerra**: 'since the last war but one'.

7. **Vento**: for the special implications of this brief conversation about the wind, see *Frana*, II, v, note 10.

8. **La Giunta dei Consigli:** this invented term presumably refers to a meeting of the leaders of the most powerful organizations in the state. A possible translation would be 'The Central Executive Committee'.

9. **il da fare:** 'something to do'. This curious construction, which is not uncommon in colloquial Italian, evolves from expressions like *cose da fare* and *qualchecosa da fare*. With the suppression of the first part of such phrases (e.g. *ho da fare*, etc.), the way was clear for the *da fare* element to be treated as a noun-infinitive, and to be supplied with an article.

10. **fare il cincinnato:** 'retire from public life'. *Lit.* 'to do the Cincinnatus'. Lucius Quintius Cincinnatus was the public-spirited Roman hero of the fifth century B.C. who, having been called to the dictatorship (458 B.C.) during a period of extreme national crisis, defeated his country's enemies and immediately retired to his little farm in the country.

I, iii

1. **un preoccupante onore:** 'a considerable honour'. *Lit.* 'a worrying honour'.

2. **guarda che è fresco:** 'take care. It's chilly'.

3. **un golf:** 'a cardigan'. See *Frana*, I, v, note 14.

I, iv

1. **non diedi nessuna importanza al mio scacco:** 'I never attached any weight to my being kicked out'. *Scacco, lit.* a square on a chessboard. It is also the equivalent of English 'check!'; its plural = 'chess'. Cf. various idiomatic expressions in which it has a figurative meaning, e.g. *subire un grave scacco:* 'to suffer a severe setback'.

2. **qualche contatto nei fili:** 'the machine would creak a bit' (Henry Reed). *Lit.* 'some contact in the wires', thus implying that the 'wires' of his mind have become threadbare through disuse, and that mental short-circuiting would take place if he were to resume his position in public life.

3. **La pace stinge le vernici ai condottieri:** this line is admirably translated by Henry Reed as 'Peacetime has a way of rubbing the bloom off military leaders'. *Lit.* 'Peace discolours the paints of military leaders'. In Renaissance Italy, wars between rival states were for the most part fought by hired professional armies, a leader of one of these being called a *condottiero*.

4. **non gli piace . . . gli si stia addosso**: 'it doesn't like being given too much care and attention'. *Lit.* 'it doesn't like being covered with kindnesses and being stood over'.

5. **Si crede di fargli dei favori, alla gente**: a *constructio ad sensu*. Since *gente* is f. sing., we should expect *farle*, not *fargli*. The *gli* element of *fargli* is a 3rd pers. pl. indirect object ('to them'). The pronoun *gli* is often used thus, instead of *loro* or *a loro*, in colloquial Italian.

6. **Costringevo . . . Ottenevi**: 'I bullied people' . . . 'You . . . got your way' (Reed).

7. **'Le sue vaste ali gli impediscono di camminare'**: the quotation comes from Baudelaire's sonnet *L'albatros*, of which the last line reads: *Ses ailes de géant l'empêchent de marcher* ('His giant's wings prevent him from walking'). The French poet contrasts the majestic flight of the albatross with its awkwardness on the deck of a ship. Tomaso is paying Giovanni the compliment of telling him that only by assuming a lofty political role will he be enabled to display his superior talents to their best advantage.

8. **carta**: this is of course a playing-card, or more specifically, in this context, a 'trump-card', for which the precise Italian equivalent is *briscola*.

I, v

1. **non lo dà a vedere**: 'he doesn't show it'.

2. **tenemmo il fatto riservato**: 'we kept very quiet about it'.

3. **vero?**: see *Frana*, III, iii, note 8.

4. **nostro figlio si chiamava Guido**: it will be recalled that Guido was also the name of the younger Kurz in *Frana*. In both plays, there is heavy emphasis on the responsibilities of parents towards their children.

5. **gli riesce difficile**: 'it is difficult for him', or 'he finds it difficult'. Note that in certain expressions (especially when the predicate adjective is *facile*, *difficile*, *utile* or *inutile*) the verb *riuscire* is used as a substitute for *essere*.

6. **un che di irregolare**: 'something abnormal'. For *che* used as a noun, cf. *non è un gran che*, 'it's not up to much', *un bel che*, 'a fine thing', etc.

7. **Disgrazie ne capitano tante; e di nessuna c'è una ragione**: Luisa's cry from the heart is representative of the bewilderment expressed by many other characters in B.'s plays,

most of which explore the theme of responsibility. Her frantic need to find some explanation for her son's death will be brutally and unexpectedly satisfied near the end of the play.

I, vi

1. **è ancora sotto l'impressione**: 'hasn't yet recovered from the shock'. *impressione* with the meaning of surprise or shock occurs in phrases like *gli fece impressione*, 'he was quite startled', and *queste notizie hanno fatto molta impressione*, 'this news has caused a great commotion'.

2. **Il gran traffico**: 'Heavy traffic'. There is a considerable number of references, in B.'s work, to street-accidents, usually but not always involving the death of a child. One of his short stories, *Una bambina sotto un camion* (from *Le case*, 1933) describes an accident in which a little girl is fatally injured by a lorry as she is running home from school after calling at a shop to buy transfers. In *Frana allo Scalo Nord* (p. 29 of the present volume), Judge Parsc recalls having travelled on a bus which ran over a little girl. In *Spiritismo nell'antica casa* (1944), the heroine turns to spiritualism in a desperate attempt to re-establish contact with her husband, who was killed, together with their little boy, in a street-accident. The hero of *Lotta fino all'alba* (1946/7), after suffering serious injury in a street-accident, nurses himself painfully and gradually back to health over five years in order that he can make amends to a friend whom he had deceived. The boy in *L'aiuola bruciata* did not in fact meet his end in a street-accident, but Giovanni absent-mindedly tells Tomaso that he did. B.'s preoccupation with sudden death, of which there are dozens of other examples in his work, forms part of his intense and abiding concern with problems of responsibility and the question of spiritual survival after death.

I, vii

1. **investimento è la disgrazia tipo**: 'the majority of accidents are street-accidents'. *Lit.* 'street-accident is the "type" accident'. This statement further explains B.'s own concern with street-accidents (see preceding note).

2. **un'aiuola. Ora non più coltivata**: 'a flowerbed. Overgrown with weeds' (*lit.* 'now no longer cultivated'). Without delving too deeply into the obviously symbolic implications of the overgrown flowerbed, we may point out that the flowerbed has

special associations for an Italian audience. In a well-known passage from the *Paradiso* (canto XXII, line 151), Dante refers to the inhabited part of the earth as *L'aiuola che ci fa tanto feroci*. This image, which had originally appeared in the writings of the early Christian philosopher Boethius (475–524), is used again by Dante in *Paradiso*, XXVII, 86, as well as by other Italian poets such as Giosue Carducci, who in an early poem on the subject of Dante (*Juvenilia*, Book IV) wrote of *Questa umile aiuola/ove si piange e s'odia*. The line from canto XXII of the *Paradiso* is Dante's ironical comment on the fact that fierce wars should be fought for the control of what is relatively insignificant. Betti's play appeals for tolerance and understanding in the conduct of international affairs, condemns the fanaticism and duplicity of power-seeking extremists, and emphasizes the fundamental importance of personal relationships, such as that between parents and children, which may be weakened or destroyed by the sort of obsessive attachment to ideological issues which characterizes extremist political systems, whether of the right or of the left. The death of Giovanni's son on the flowerbed thus assumes a powerful symbolic meaning, in that it represents the appalling consequences of neglecting the needs of the individual for affection and understanding. Man is in danger of losing the capacity for cultivating personal relationships, the flowerbed is becoming choked with weeds, burnt up (*bruciata*) or at any rate scorched (*strinata*, see page 111) by man's all-consuming adherence to a political ideal which takes precedence over his personal loyalties and responsibilities.

3. **chiuso:** 'locked'. Note that the verb *chiudere* means 'to lock' as well as 'to close'. The context usually makes the meaning clear, but the former meaning is sometimes rendered by *chiudere a chiave* to avoid ambiguity, as in *Frana*, II, iii, p. 30 (*E' chiuso a chiave?*) and in *L'aiuola*, III, iii, p. 111 (*Sai, non è vero che uscendo, io chiusi a chiave la porta*).

4. **responsabilità:** the theme of responsibility is absolutely central to B.'s drama. As a practising judge, B. was particularly sensitive to this question, and all of his plays are concerned with it to a greater or lesser degree. The two plays in this volume offer interesting variants on this theme. In *Frana allo Scalo Nord*, B. postulates the collective responsibility of society as a whole for the tragedies of its single members, but in his later plays, of which *L'aiuola bruciata* is a particularly fine example, he focuses

his attention on the responsibilities of individual men and women, and infers that it is impossible to divorce one's public from one's private morals. In this connection, it is of interest to note that Giovanni's remarks on responsibility for his son's death coincide with the first appearance of the girl who, as we learn later, is the daughter of a man who was deliberately murdered in a political incident engineered by Giovanni himself and his associates.

5. **mi faccio il teatro in testa:** 'I keep pretending to myself'. *Lit.* 'I play-act in my head'.

6. **è una recita:** 'it's a piece of play-acting'. The mother's inability to accept the fact that her son is dead has parallels in other modern plays, notably in Pirandello's *La vita che ti diedi* (1924), where it forms the central theme, and in Arthur Miller's *All My Sons* (1947). A similar situation is presented in the one-acter by Dino Buzzati, *Il mantello* (1960), but in this case realism is sacrificed to fantasy, and the dead son actually turns up at his mother's house before he is called away again by a mysterious companion who has been waiting for him in a motor-car on the road outside.

7. **non dovresti dirlo nemmeno per scherzo:** 'you shouldn't ever say such a thing'. The expression is a common one, its literal translation being 'you shouldn't say it, not even for fun'.

8. **Già:** frequently used instead of *sì* to express affirmation.

9. **a che proposito?:** 'what about?'

10. **Ti basi su qualche elemento?:** 'Do you have any evidence?' *Lit.* 'Are you basing yourself on any element?' *elemento*, apart from rendering all the usual meanings of the English word 'element', is also used in phrases like *questa persona è un ottimo elemento*, 'this person is very capable'. See *Frana*, I, i, note 6.

11. **(c.s.):** an abbreviation for *come sopra* ('as above'), a stage-direction regularly used by modern Italian dramatists.

12. **circondato:** 'treated with affection'. An ellipsis of *circondato di cure* (*lit.* 'surrounded with attentions').

13. **si era un pochino chiuso:** 'became slightly more reserved'.

14. **e invece mi sono sempre trattenuta, perché si ha vergogna . . . :** the whole of this speech by Luisa, together with Giovanni's words at the beginning of the next scene, recalls similar sentiments expressed by Parsc and Gaucker in *Frana allo Scalo Nord* (e.g. *PARSC: Se si ha da dire una parola affettuosa,*

umana, ci si vergogna, II, v, p. 37). One of the criticisms levelled at B. is that he lapses occasionally into sentimentality, passages like these being quoted in support of this charge. In his defence, we may point out that remorse is a very natural reaction to bereavement, and that the deliberate suppression of one's emotions, though a widespread tendency in contemporary society, is a phenomenon of comparatively recent origin.

I, viii

1. **scomparsa:** dictionaries usually translate this as 'disappearance'; often used as a euphemism for 'death'.

2. **gira gira:** more correctly, *gira e rigira*. The nearest English equivalents are 'in the long run' or 'whichever way you look at it'.

3. **pare proprio che ci siamo:** 'it looks as if the moment has really come'.

4. **degli utili:** *utile*, used as a noun, means 'profit' or 'benefit'.

5. **nel senso buono:** 'in the right direction'.

6. **si tratta di un onesto tentativo:** dictionaries generally translate *trattarsi di:* 'to be a question of'. But the rendering 'It's a question of an honest attempt' has a distinctly wooden sound which is absent from the Italian. A more satisfactory translation would be 'After all, it's an honest attempt'.

7. **tornarci su:** 'reconsider the matter'.

8. **manovra:** here has the meaning of 'catch'. Giovanni's words and Tomaso's rejoinder could be translated 'I'm trying to find the catch', and 'There isn't any catch: that would be unthinkable'.

9. **dalla tua:** 'on your side'. The word *parte* (*f.*) is understood.

10. **Non è nella possibilità:** 'It's out of the question'. i.e., that Nicola should do it.

11. **La cambiale è in scadenza:** 'The bill is due for payment'. In B.'s later plays, there are several instances of monetary imagery, which are invariably related to the key theme of his work: that of responsibility. We should perhaps add that B.'s language is on the whole disappointingly barren of striking imagery.

I, ix

1. **Rosa:** the girl's name is undoubtedly symbolic. Her qualities of freshness, beauty, innocence, compassion and

integrity contrast sharply with those of the other inhabitants of the 'burnt flowerbed'. The symbolic intention behind the choice of the name Rosa is underlined by Tomaso's words a few lines further on: *E' il nostro fiore.*

2. **riuscí utile**: 'turned out to be useful'. A further instance (see I, v, note 5) of *riuscire* taking the place of *essere*, this time involving a slight difference of meaning.

I, x

1. **Come rimarrebbe**: 'How would she feel'.
2. **Tu rimanesti sulle generali**: the word *cose* (*f.pl.*) is understood. Trans: 'You confined yourself to general matters'.
3. **nomina**: the verb *nominare* usually means 'to appoint' or 'to elect' rather than 'to nominate'. We should add that the whole of this speech by Tomaso is written in a deliberately cold and formal style, such as B. uses elsewhere in his plays.

I, xi

1. **del vero**: 'than he actually is'.
2. **come facevate ... come farete**: 'how did you manage ... how are you going to manage'.
3. **Sarai contento**: future of probability: 'You must be pleased'.

II, i

1. **Mi avevano un po' cotto la bocca**: 'They used to stick in my throat a little'. *Lit.* 'They had cooked my mouth a little'.
2. **Quella melopea**: *melopea* is a specialized term, borrowed from the language of musical analysis, and has to do with the art of melodizing. In translating B., it is not always necessary to imitate the playwright's occasional tendency to employ language which is distinctly recherché. Here, *Quella melopea* could be translated, 'It was always the same tune'.
3. **E' la voce: la voce a uso collettivo è sempre arrabbiata**: one example, among many, of B.'s predilection for the aphoristic statement. Note the similarity between this statement and two passages from *Frana: Forse è per via della voce, questo tono di voce. Mi è venuto cosí, a poco a poco* (p. 30), and *Bisognava sentire la voce, signore; che voce avevo! Faceva impallidire gli operai* (p. 34).

4. **l'humus:** a Latinism, not uncommon in Italian prose.

5. **provate a fare due passi:** 'try taking a little walk'. See I, ii, note 3.

6. **come una piantina di fiori:** 'like a plant in a pot'. *Lit.* 'like a young flowering plant'. A *piantina* is in fact a 'bedding-plant'.

7. **dirgli:** see I, iv, note 5.

8. **Che noi . . . si sia la stessa cosa:** see *Frana*, II, v, note 18.

9. **Uccidere: non c'è piú dazio:** *dazio* is a 'customs duty' or 'excise duty'. Giovanni is implying that it has now become possible to kill one's political opponents and get away with it. We might translate: 'There's no longer any penalty for killing one's opponents'.

10. **stai ancora facendo del colore:** the meaning of this line appears to be: 'you are still indulging in colourful fantasies'. Henry Reed's translation ('you're still playing with us') results almost certainly from confusion with a similar expression, *farne di tutti i colori*, which means 'to play all sorts of tricks'.

11. **ci siamo fatti rilasciare delle deleghe:** *delega* means 'proxy'. Trans: 'we have given ourselves permission to act on other people's behalf'.

12. **guai se dovessero raccontarli!:** 'heaven help us if they were to bring them into the open!' *Lit.* 'Woe if they were to relate them!'

13. **che razza di ambizione!:** 'how incredibly ambitious of them!' For the construction, cf. expressions like *Che razza di mascalzone!:* 'What a scoundrel the fellow is!'

14. **le sciocchezze:** Giovanni's remarks on folly, which he sees as a characteristic of human beings as distinct from animals, and the comparison which he makes between humanity and blades of grass, are re-echoed in the final scene of B.'s last play, *La fuggitiva* (1952/3), where Daniele, contemplating the body of his dead wife, says: *Una stortura. Ma forse è proprio questo, di lei, a intenerire colui che l'attende. . . . Un'erba cresciuta diversa da come egli la seminò*. The image is of course biblical. Of the many passages from the Bible comparing man to grass, the most famous is that in *Isaiah* (xl, 6–8), where we find the expressions 'All flesh is grass' and 'surely the people is grass'.

15. **se la stufa, lí, non tira:** for B., the faulty stove is evidently symbolic of the inadequacy of the material benefits

conferred upon its members by an organized, industrial society. A similar allusion is found in the opening scene of *Frana: E' la stufa. Non tira.* (p. 4), whilst in Act II of *Frana* Holand is rebuked by Kurz Junior for his short-sightedness when he talks smugly about the importance of a good heating-system: *Sapete che ci vuole, soprattutto? Un buon riscaldamento. Ora a casa, ho messo una stufa americana, di quelle . . .* (p. 24). B.'s point is that the provision of material benefits, whilst undoubtedly important, can never affect man's crying need for spiritual consolation. If this need is ignored in the pursuit of purely materialistic goals, then one has a society based upon what Giovanni mockingly describes as a *criterio veterinario*, a society in which *il progresso è morire, sí, ma piú grassi, piú puliti, meglio vestiti*. The irony of this passage is extremely effective.

16. **Siamo un po' alla zootecnia:** 'it's a bit like animal husbandry'.

17. **sono rimasti male:** 'have remained discontented'.

18. **bovi:** plural of *bove*, as distinct from *buoi*, the plural of *bue*.

19. **Bos. Pecus.:** pure Latinisms (*bos* = 'ox'; *pecus* = 'sheep') which B. uses both here and later on to secure an incantational effect.

20. **non è il caso di cerimonie:** 'there's no need for any ritual'. Cf. expressions like *non è il caso di offendersi:* 'there's no need to get offended'.

21. **sta a te:** 'it's up to you'. An alternative form would be *tocca a te* (see *Frana*, II, iii, note 8).

22. **quel tanto di vago:** 'that element of vagueness'.

23. **deve darti delle consegne:** 'has to hand over to you'.

II, ii

1. **Ha pensato lui a tutto:** note the idiomatic use of *pensare* (i.e., not 'He has thought of everything', but 'He has seen to everything'). Cf. expressions like *ci penso io:* 'I'll see to it'.

2. **che noi si abbia un'anima:** see *Frana*, II, v, note 18.

3. **Vitra:** the place-name, like Witteal in *Frana* (p. 20), is invented.

4. **spiegarsi:** a key-verb in B.'s dramaturgy. Many of his characters experience this overpowering need to *explain*, and they lament the fact that it is impossible for human beings to communicate adequately with one another. The theme of in-

communicability also occupied a central position in the drama of B.'s more illustrious predecessor in the modern Italian theatre, Luigi Pirandello (1867–1936). Of the numerous passages in B.'s drama containing the verb *spiegare* in the context of man's incommunicability, the following is a random selection: *Le cose non possono restare cosí, capite? Io devo spiegare* ... (Giacomo in *Acque turbate*); *Vorrei solo* ... *spiegarle, ecco, che in fondo si trattò di uno sbaglio, un'apparenza* (Marco in *Il cacciatore d'anitre*); ... *sarebbe troppo crudele se non potessimo almeno giustificarci* ... *spiegare.* (Laura in *Spiritismo nell'antica casa*); *Vorrei spiegargli che non è colpa nostra, non si sa come entrino i pensieri, ce li troviamo lí, non ci ubbidiscono* (Giorgio in *Lotta fino all'alba*).

5. **Saranno frasi:** a future of probability. The literal meaning of *frase* is 'phrase' or 'sentence'. But in the present context, *saranno frasi* is better translated as 'they may only be words'. Cf. *Frana*, III, i, note 10, and the expression *è un uomo tutto frasi:* 'he is all talk'.

6. **'Papà, dove mi porti?':** this is a line from one of B.'s own early poems, *Il tempo* (from the volume *Canzonette: La morte*, 1932), of which the last strophe reads as follows:

> *Là forse resta delle mie sere infantili*
> *quel canto di grilli solitari negli orti.*
> *Ivi è il passo di mio padre, vicino*
> *ad un piccolo passo. Ivi chiedo io bambino:*
> *— Papà, dove mi porti?*

7. **non potemmo piú** ... **spiegarci:** see II, ii, note 4.

8. **mettiamo:** see *Frana*, II, i, note 4.

9. **sola** ... **solo** ... **solo:** the appalling loneliness of man's condition is one of B.'s most consistent themes, one to which he referred in the preface to the earliest published edition (1929) of his first play, *La padrona*, as *l'agghiacciante senso d'isolamento che talvolta c'invade*.

II, iii

1. **che fa strada:** 'who leads the way'. *fare strada* usually means 'to make progress', as in the expressions *strada facendo* ('walking along') and *farsi strada nel mondo* ('to make one's way up in the world').

M

II, iv

1. **Vinnia:** another place-name of B.'s own invention.

2. **Si fa fatica a rivederlo risorto:** 'It would be terrible to see him rise from the dead' (Reed). But the literal translation is 'One has difficulty in seeing him again, resurrected', and a nearer approximation to the line's true meaning would be: 'It is difficult to imagine his bodily resurrection'. Luisa's Christian religious convictions have been seriously undermined by the violent nature of her son's death.

3. **Noi qui non si fa che invitarlo:** 'We (who are here) keep on inviting him'. For the construction, see *Frana*, II, v, note 18.

4. **'Vi ringrazio di avermi creato ... con me e i miei cari':** Rosa is here quoting from the *Preghiera del Mattino* (Morning Prayer) of which the full text runs as follows: *Vi adoro, mio Dio, e vi amo con tutto il cuore. Vi ringrazio di avermi creato, fatto cristiano e conservato in questa notte. Vi offro le azioni della giornata: fate che siano tutte secondo la vostra santa volontà per la maggior gloria vostra. Preservatemi dal peccato e da ogni male. La grazia vostra sia sempre con me e con tutti i miei cari. Così sia.*

5. **'Credo nella resurrezione ... confuso in eterno':** this is not the Apostolic Creed, but a confection of extracts from the *Atto di fede* and the *Atto di speranza*, found in all Italian prayerbooks.

6. **Penserò io a dirlo a mio marito:** 'I myself will see about telling my husband'. For *pensare* with this meaning, see II, ii, note 1.

II, v

1. **arieggiavano ultime volontà:** 'sounded like the last wishes of a dying man'.

2. **di salvarmi dai toni alti:** 'of preventing myself from putting on airs'.

3. **Copriti:** 'Wrap yourself up warm'.

II, vi

1. **lei è di casa:** 'she lives here'. Cf. *dove sta di casa Lei?*: 'where do you live?'

2. **E' stato organizzato bene ... Un vero orologio:** these lines recall the passages from *Frana* where the short-sighted witness is describing the meticulous thoroughness with which the mysterious Kurz manages his affairs. In the earlier play,

B. seemed to be fascinated by the machine-like precision (and consequently the insensitivity to the problems of individuals) of a smoothly administered industrial society. In the second play, as we shall see, he shows that by the operation of free-will in a single individual, a meticulously planned operation, possessing all the appearance of inevitability, may come to grief. Both plays examine the nature of responsibility, but the dramatist's interest has now moved from society as a whole to the single individual within society.

3. **la cantoniera:** see I, ii, note 2.

II, vii

1. ... **un altro Andrea il Fornaio:** see Act I, Scene ix.

II, viii

1. **la Fossa:** 'the Fosse'. Presumably a pathway, separate from the main road, leading down to the valley, and known to local people as 'the Fosse'. The name, of Latin origin, will remind English readers of the famous Roman road which ran between Lincoln and Exeter, which was called Fosse Way because it had a fosse or ditch on either side of it. But the Fosse in *L'aiuola* is clearly of more modest pretensions.

2. **'solo dai cataclismi nasce il nuovo':** this maxim is very similar in tone to some of the deliberately provocative principles contained in the Futurist manifesto, first published in Paris in 1909, of F. T. Marinetti (1878–1945). Marinetti's article on Futurism in the *Enciclopedia Italiana* contains the following extracts from his notorious Parisian manifesto: *Non v'è più bellezza se non nella lotta. Nessuna opera che non abbia un carattere aggressivo può essere un capolavoro. Noi vogliamo glorificare la guerra—sola igiene del mondo—il militarismo, il patriottismo, il gesto distruttore dei libertarî, le belle idee per cui si muore.* When B. was a student at the University of Parma between 1910 and 1914, he was himself strongly attracted by the Futurist movement. The thesis which he presented for his doctorate in law is full of brash, anti-democratic sentiments, and defends the use of violence for political ends. But his subsequent literary work mercifully shows no trace of his undergraduate waywardness, except in so far that such ideas are shown to be erroneous.

3. **Divertente macchina!:** *macchina* here has the meaning of 'plot'.

4. **Questo sí . . . il cappuccio:** a possible English rendering of this distinctly unusual phrase would be: 'This really *is* a case of setting the cat among the pigeons'. *Lit.* 'This really *is* called turning the priest's cowl upside down'. The expression *rovesciare sottosopra* is in fact tautological, since *rovesciare* itself means 'to turn upside down' or 'to turn inside out'.

5. **buonanotte:** 'and there's an end to it'.

6. **Luisa, mi hai spezzato, distrutto, ci sei riuscita . . .:** there is a distinct similarity between these words and those addressed to his father by the younger Kurz in Act III of *Frana: Ci sei riuscito . . . Mi hai spezzato in due, papà* (p. 45). B. consistently registered his bewilderment and dismay that the closest human relationships, such as those between a father and son or a husband and wife, should often be characterized by hostility and friction.

7. **Che il responsabile doveva esserci . . . Sarebbe stato assurdo:** Luisa's words recall the frustrated outburst of Judge Parsc in Act III of *Frana: bisognerà bene che ci sia un responsabile, che ci sia un innocente. Se no tutto va all'aria, è finita.* (p. 51).

III, ii

1. **Ho da dire la mia anche io:** 'I too have my piece to say'.

III, iii

1. **saputo che ebbe:** 'when he discovered (what was going on)'. This construction is commonly used as an alternative for a temporal clause introduced by a conjunction of time such as *quando* or *appena che*.

2. **non è da voi:** 'it is not your business'.

3. **Una certa percentuale . . . era in bilancio:** 'It was only to be expected that there would be one or two snags'. *Lit.* 'A certain percentage of inconveniences was in the balance'. A *bilancio* is a budget or balance-sheet, hence the expression *mettere in bilancio*, 'to estimate'.

4. **Sul da farsi:** 'About what is to be done'. Here we have a passive form of *il da fare*, on which see I, ii, note 9.

5. **per metterci scambievolmente delle pulci nell'orecchio:** 'to sow doubts in each other's minds'. An idiomatic expression in common use.

6. **Esita pure:** 'Hesitate, by all means'. See *Frana*, I, iii, note 10.

7. **Per carità:** 'Good heavens!' See *Frana*, II, iii, note 14.

8. **ne cava liquori e bicchieri:** it is interesting to note, in B.'s plays, how the death of one of the characters is frequently preceded by some form of drinking ritual, e.g., in *Lotta fino all'alba*, *Delitto all'isola delle capre*, and *La fuggitiva*. The ritualistic intention behind Luisa's apparently innocent action becomes clear if one considers the overtones of the stage-direction. She places the glasses and drink on the table *fra un gran silenzio* and sets out the napkins *metodicamente*.

9. **ti sei dato molto da fare:** 'you have put yourself to a great deal of trouble'.

10. **che forse io . . . non ho mai fatto nulla:** several of B.'s characters express this same scepticism regarding the relevance of their life's activities. In *Frana*, for instance, we found Parsc bitterly proclaiming *che forse, a tutto questo, in tanti anni, non ci ho creduto mai* (p. 53). B.'s search for purpose and meaning is one that he conducts with feverish intensity throughout the whole course of his literary career.

11. **L'alba:** the dawn is one of B.'s favourite symbols. A clue to the special significance which it holds for the playwright is seen in the title of one of his plays, *Lotta fino all'alba*, where there is an obvious allusion to *Genesis*, xxxii, 24: 'And Jacob was left alone; and there wrestled a man with him until the breaking of the day'. The episode from *Genesis* is one in which Jacob engages in a symbolic combat with a stranger. On realizing that his adversary is none other than God himself, Jacob refuses to release his hold until he has received His blessing. The struggle is a turning point in Jacob's life, for it marks the virtual suppression of the baser elements in his character and, now that he is fortified with the knowledge of God's concern for his fate, the beginning of a just and God-fearing existence. Jacob's encounter with God at Peniel is the archetype for many of the conflicts which B. presents in his plays, where we frequently find the chief character engaged in an unrelenting struggle to placate his torment-ridden conscience. In *L'aiuola bruciata*, Giovanni's dilemma concerning the wider implications of his son's suicide is resolved for him by the events which follow the breaking of the dawn. But the ending of the play, with its sacrifice of innocence on behalf of humanity as a whole, is of course more closely related to the passion of Christ than to Old Testament mythology.

12. **La midolla stravolta contro sé stessa:** an absolute

clause, which is difficult to translate satisfactorily. *midolla* is the pulp of a fruit, or the inside of a loaf (as distinct from the crust). *stravolta* (from *stravolgere*) means 'twisted' or 'contorted'. Since Giovanni is referring to his son's suicide, we might perhaps render as follows: 'Our very flesh is destroying itself'.

13. **uno squillo armonioso:** the distant fanfare, which is heard at intervals from now until the end of the play, is not only the signal for Giovanni to leave. It is also B.'s slightly melo-dramatic method of underlining Rosa's role as a link between the human and the divine. The dramatist uses a similar device in an earlier play, *Corruzione al Palazzo di Giustizia*, where the death of an innocent girl, Elena, brings about the regeneration of a ruthless and corrupt judge. The difference between the functions of Rosa and Elena is shrewdly defined by the American critic G. Rizzo: 'Elena's mediation was limited to the *individual regeneration* of Judge Cust. To this effect, she appeared to him in the vital, familial relationship of daughter-wife-mother. Rosa, on the other hand, is presented as a nurse, which alerts us at once to the *social nature of her healing power*' (editor's italics).

14. **E' una cosa piú in grande:** 'It is something much bigger'. See *Frana* II, v, note 15.

15. **E dov'è l'anello che si libera?:** 'And where is the link that will break free?' An extension of the metaphor contained in the phrase *rigorosa concatenazione*.

VOCABULARY

Unless otherwise stated, nouns ending in -o are masculine, and those ending in -a feminine.

A

abbassare, to lower

abbastanza, sufficiently, enough, fairly well

abbietto, despicable

abbracciare, to embrace

abbruciare, to burn

abitare, to live

abiti *m. pl.*, clothes

abitudine, *f.*, manner, habit

accadere, to happen

accanto, near; close. — a: beside

accapigliarsi, to squabble

accarezzare, to caress

accendere, to light; switch on

accennare, to motion; point; hint at: (of a tune) to hum

accingersi, to prepare

accogliere, to gather

accomiatarsi, to take one's leave

accomodare, to adjust

accordarsi, to reach agreement

accordo, agreement. mettersi d'—: to come to an agreement. d'—: in agreement

accorgersi, to perceive, notice

accostare, *tr. & rfl.*, to approach

accurato, careful

accusa, accusation

acquitrinoso, saturated

adagio, slow; slowly

adattare, to convert

adatto, suitable

addentellato, something to cling to

addetto, employed

addirittura, really, positively

addormentarsi, to fall asleep

addosso, on; on one's back. stare — a q.: to be on top of somebody

aderire, to support; join

adoperarsi, to strive; make an effort

adunarsi, to meet

affacciarsi, to look out; appear; show oneself

affannarsi, to toil; strive

affanno, difficulty in breathing

affannoso, feverish

affatto, at all

affettuoso, affectionate

affinché, so that

affollare, to crowd

aggirarsi, to wander about

aggiungere, to add

agio, leisure

agire, to act

agitare, *tr.,* to wave. *rfl.,* to be restless; get excited

agitazione, *f.,* excitement

agro, sour

aiuola, flower-bed

aiutare, to help

aiuto, help

ala (*pl.* **ali**), wing

alacre, active; eager

alba, dawn

albergo, hotel

albero, tree

allargare, to open wide

alleato, ally

alleggerire, to make easy

allegro, happy; cheerful; lively

allevamento, breeding

alloggiare, to house

allontanarsi, to go away; go off

altezza, height. **essere all'—di:** to be equal to

alto, high; lofty

altro, other. **fra l'—:** for one thing

altronde, d'—: besides

altroché, of course

altrove, elsewhere

altrui, of others

alzare, to raise. **— le spalle:** to shrug one's shoulders

alzarsi, to get up

amare, to love

amareggiato, embittered

amaro, bitter

ambiente, *m.,* surroundings

ammalarsi, to become ill

ammalato, ill

ammazzare, to kill

ammiccare, to wink

ammirare, to admire

ammucchiare, to pile up

amo, fish-hook

amorevole, affectionate

ampio, thorough

anchilosare, to paralyse

andamento, turn (of events)

andarsene, to go away

anello, ring; link

angelo, angel

angolo, corner

angoscia, anguish

angosciato, anguished

anima, soul

animo, disposition. **avere l'— buono:** to be a kindly person

annegare, to drown

annientarsi, to come to nothing

annoiarsi, to become fed up

ansare, to breathe heavily

ansia, anxiety

ansimare, to breathe heavily

antico, old

antipatia, dislike

anzi, indeed; in fact; on the contrary

anziano, elderly

aperto, open

appaltare, to let out on contract

appaltatore, *m.,* contractor

apparire, to appear

appartarsi, to stand aside; retire

appena, barely

appoggiare, *tr. & rfl.,* to lean

appoggiato, resting

apposta, on purpose; deliberately

approfittare, *intr.* & *rfl.*, to take advantage

approvigionamento, provisions

appunto, precisely

aprire, to open

argomento, topic; subject

arieggiare, to resemble; sound like; give an impression of

arma, weapon

armatura, shoring

arnese, *m.*, tool

arrabbiarsi, to lose one's temper

arrabbiato, angry

arrancare, to limp

arrangiarsi, to organize oneself

arrendevole, accommodating

arrossire, to blush

asciugare, to dry

ascoltare, to listen; listen to

ascolto, in —: listening

aspettare, *tr.*, to wait; wait for. *rfl.*, to expect

aspetto, appearance

asprezza, harshness

aspro, sour; harsh

assai, very; greatly

assassinare, to murder

assassino, murderer

assecondare, to countenance

assetato, thirsty; dry

assicurare, to assure

assieme, together

assiepato, huddled

assistere, to attend; observe; watch; be present

assorto, absorbed; wrapped in thought

assumere, to assume; take on

assurdo, absurd

astante, *m.*, onlooker

astenersi, to refrain

astio, spite

astro, star

atono, toneless

atroce, terrible

atteggiarsi, to assume (an attitude)

attendere, to wait; wait for

attento, careful

attesa, wait; waiting

attiguo, adjoining

attimo, moment

attonito, astonished

attorno, around

attrito, friction; attrition

augurarsi, to hope for

aula, room; hall; courtroom

aumentare, to increase

autorevole, official; authoritative

avanti, forward; come on!
  farsi —: to come forward

avanzarsi, to come forward

avaro, sparing

avvedersi, to notice; perceive

avvelenatore, *m.*, poisoner

avvenimento, event; occasion

avvenire, to happen

avversario, opponent

avvertire, to tell; warn

avviarsi, to move off; to move away

avvicinarsi, to approach

avvilirsi, to become disheartened

avvocato, lawyer

azione, *f.*, deed

azzittarsi, to become silent

B

baciare, to kiss
bacio, kiss
badare, to pay attention; heed
badile, *m.*, spade
baffo, moustache
balbettare, to babble like a baby; mumble; whisper
ballabile, *m.*, dance-tune
bambino, child
baracca, hut
barba, farsi la —: to shave
bastare, to be sufficient
battere, to knock; strike; bang; (of teeth) to chatter
baule, *m.*, trunk
bavero, lapel
beffardo, satirical
bellino, pretty; good-looking
benché, although
benedetto, blessed
beneficare, to help
benessere, *m.,* well-being
benvoluto, well-liked
benzina, petrol
berretto, cap
bianco, white
biasimare, to blame
bicchiere, *m.*, glass
bilancia, scales
bilico, balance
bisbigliare, to whisper
biscotto, biscuit
bisogno, need
bisticciare, to wrangle; quarrel
bivio, crossroads
boccolo, curl; ringlet
bonario, good-natured
bonomia, affability
bontà, kindness

botte, *f.*, barrel
braciere, *m.*, brazier
bravo, good; fine; admirable
brevetto, patent; trade-mark
brindisi, *m.*, toast
brontolare, to mutter
bruciare, to burn
bruco, grub; caterpillar
brusio, buzzing; ripple
brutto, ugly; nasty
bruttura, nastiness
buco, hole
bue, *m.*, ox
buffo, *adj.*, queer; funny. *n.m.*, funny thing
buffone, *m.*, **fare il —:** to act the fool
bugia, lie
bugiardo, liar
bugigattolo, cubby-hole
buio, *adj.*, dark. *n.m.* darkness
burattinaio, puppet-master
burattino, puppet; marionette
burla, joke
burro, butter
buttare, *tr.*, to throw. *rfl.*, to throw oneself

C

cacciare, to chase; drive away
cadavere, *m.*, corpse
cadere, to fall
calcare, to tread
calce, *f.*, lime
calcio, kick
cambiale, *f.*, bill; promissory note
cambiare, to change
caminetto, grate; fireplace
camion, *m.*, lorry

camminare, to walk; progress

campanello, bell

campo, field

canaglia, rabble

cancelliere, *m.,* justices' clerk

cantare, to sing

canticchiare, to hum

cantilena, sing-song

cantoniera, road-keeper's house

canzonetta, song

capace, able

capello, hair

capestro, halter; rope

capire, to understand

capitare, to happen; turn up

capitolo, chapter

capo, head; leader

capolino, far —: to peep out (or in)

capopopolo, people's leader

capovolgere, to reverse; turn upside down

cappello, hat

cappuccio, priest's cowl

carabattola, bauble

carbon fossile, *m.,* coal

carezza, affection

carezzare, to caress

carico, *adj.,* heavy; laden. *n.m.* burden

carità, per —: please

carne, *f.,* meat

caro, dear

carretto, cart

carro, chariot

carta, paper; card

cartaccia, worthless paper

cascare, to fall

casermaggio, barrack-furnishing

caso, affair; case: chance. **far —:** to take notice

castano, dark brown; chestnut-coloured

catena, chain

cattiveria, malice

cattivo, bad

causa, cause; sake: law-suit; legal case

cautelare, to secure; protect

cauto, cautious

cavallo, horse

cavare, to take out

cavaturaccioli, *m.,* corkscrew

cedere, to yield

celiare, to jest

cena, supper

cenno, sign; signal; nod

cera, essere giú di —: to look unwell

cercare, to seek

certezza, certainty

cervello, brain

cessare, to cease; stop

chiacchiera, chatter

chiamare, to call

chiarire, to make clear

chiaro, clear

chiarore, *m.,* glow

chiasso, noise; fuss

chiassoso, noisy

chiave, *f.,* key

chiedere, to ask

china, slope

chinare, *tr.,* to lower. *rfl.,* to bend down

chino, bent forward

chissà, who knows

chiudere, to close; lock.
— **a chiave:** to lock

chiudersi, to become reserved

chiunque, anyone; whoever

ciao, hello

ciascuno, each

cibo, food

cicuta, hemlock

cifra, figure

ciglio, eyelash

cima, peak

ciottolo, pebble

clandestino, (*n.*) underground agent

clinica, hospital

coda, tail

cogliere, to seize

coinvolgere, to implicate

colazione, *f.,* lunch

collasso, stroke

colle, *m.,* hill

collera, anger

collo, neck

colmo, climax; peak

colosso, giant

colpa, fault; blame

colpire, to strike: to shoot: to make an impression

colpo, thud; knock; shot. **di —:** suddenly

coltellata, knife-thrust; stab-wound

combinare, to arrange

combustibile, *m.,* fuel

cominciare, to begin

comitato, committee

commedia, comedy; play

commediante, *f.,* actress

commettere, to commit

comodo, comfortable

compassato, dignified; solemn

compatimento, compassion

comperare, to buy

compi(e)re, to fulfil; complete; carry out

compito, job; task; duty

complesso, mess; tangle: whole; whole picture

complotto, conspiracy; plot

comporre, to make; fashion

composto, self-possessed

comprare, to buy

comprendére, to understand

comprensibile, understandable

comunque, however

concetto, idea; impression

concitato, aroused

concludere, to settle; conclude

concordare, to agree

concorrenza, rivalry; competition

concorrere, to compete

conculcare, to trample upon

condanna, (*leg.*) sentence

condannare, to condemn

condividere, to share (an opinion)

condottiere, *m.,* military leader

condurre, to lead

confine, *m.,* border; frontier; dividing line

confondere, to confuse

conforme a, in accordance with

congedo, leave-taking; good-bye

congegno, mechanism

congiura, conspiracy

conoscere, to know

consapevole, conscious

conservare, to preserve; retain; keep on

considerato, considering

consigliare, to advise; make advisable

consigliere, *m.*, judge

consiglio, advice

consolare, to comfort

contabilità, book-keeping

contadino, peasant

contare, to matter; count; consider

conteggio, computation

conto, account; calculation. **per — mio:** for my part. **in fin dei conti:** after all's said and done

contorcersi, to twist; writhe

contrabbandiere, *m.*, smuggler

controllare, to check; control

contromisura, counter-measure

convenire, to be necessary

convincimento, conviction

convocare, *tr.*, to summon. *rfl.*, to hold a conference

convoglio, train

convulso, agitated

coraggioso, courageous

corda, string

cordone, *m.*, cord

cornicione, *m.*, ledge

correre, to run; hurry; rush; race through

corsa, di —: at a run; running

corteo, procession

cortese, polite

cortile, *m.*, courtyard

costeggiare, to go along; keep to

costola, rib. **stare alle costole a q.:** to follow someone closely

costringere, to force, compel

creolina, creosote

crescenza, growing up

crescere, to grow; grow up

crollare la testa, to shake one's head

crollo, collapse

crosta, crust

cubatura, cubic capacity

cucciolo, puppy

cucina, kitchen

cura, care

curare, *tr.*, to tend; look after. *rfl.*, to get medical treatment

D

danno, harm

dappertutto, everywhere

dapprima, at first

darsi, può —: perhaps

davvero, truly

dazio, levy; duty

debole, weak

debolezza, weakness

degno, worthy

delirare, to become delirious

delitto, crime

denaro, money

denuncia, accusation

denunciare, to denounce

deplorare, to deplore; be very sorry

deserto, deserted

destrezza, skill

destro, opportunity; opening

detronizzare, to unseat
dettaglio, detail
dettare, to dictate
diamine!, the devil! the deuce!
diavolo, devil
dichiarare, to declare
dichiarazione, *f.*, statement
difficoltoso, difficult
dimenticare, *tr. & rfl.*, to forget
dimesso, humble; subdued
dintorni, *m. pl.*, vicinity; surroundings
dirigere, to direct
disagio, discomfort; uneasiness
disappunto, disillusionment
disattento, heedless
discorrere, to talk; converse
discorso, speech: (*pl.*) discussion
discutibile, questionable
disgelo, thaw
disgrazia, accident; misfortune
disparte, in —: to one side
dispensare, to excuse
dispiacere, fare —: to make unhappy
disporre, to arrange: to have the final say
disposizione, *f.*, arrangement
disseccato, arid; withered
disseppellire, to unbury
dissidio, disagreement
distrarre, to amuse
distratto, vague
districarsi, to extricate oneself
distruggere, to destroy

disturbo, annoyance; upset
dito, finger
ditta, firm; company
divagare, to entertain, distract
diventare, to become
divergere, to deviate
diverso, different
divertente, amusing
divertirsi, to have a good time; amuse oneself
divertito, amused
dividere, to share
divisa, uniform
divorare, to devour
dogana, customs-house
dolcezza, gentleness
dolore, *m.*, grief
doloroso, painful
domanda, question
domandare, to ask
donde, whence
donna, woman
dopodomani, the day after tomorrow
doppio, double
dovere, *m.*, duty
drizzarsi, to get up; rise
dubbio, doubt
dubitare, to worry
durare, to last
durata, duration
durezza, severity
duro, hard; harsh

E

eccettuare, to except
eccitazione, *f.*, excitement
effettivamente, in fact; really; actually
eleggere, to elect

empire, to fill
entusiasmarsi, to grow excited
eppure, yet; however
equivoco, misunderstanding
erba, grass
esatto, exact
esattore, *m.*, one who collects
esaurire, to exhaust
eseguire, to carry out
esempio, example
esigente, demanding
esilio, exile
esimere, to exempt
esitare, to hesitate
espansivo, talkative; open
espediente, *m.*, expedient
esporre, to expound; expose
esprimere, to express
essere, *m.*, person
estasi, *f.*, joy; ecstasy
esterno, outside
estraneo, outsider
estrarre, to take out
estremo, agli estremi: on one's last legs
estromettere, to dismiss
età, age
eternizzare, to perpetuate indefinitely
etto, hectogram (about 3½ oz.)
evitare, to avoid

F

fa, ago
fabbrica, factory
faccenda, business; affair
facile, easy
faina, marten: (*fig.*) old fogey
falciare, to mow
fallire, to fail

fame, *f.*, hunger
fango, mud
fannullone, *m.*, layabout
fantasia, imagination
fantasticheria, day-dream, fantasy
faro, headlight
farsa, farce
fascicolo, folder
fase, *f.*, phase; stage
fastidio, dar —: to be a nuisance
fatica, far —: to have difficulty
faticoso, tiring
fazzoletto, handkerchief; head-scarf
febbre, *f.*, fever
febbrile, feverish
febbroso, feverish; fevered
fede, *f.*, faith
fedele, loyal; faithful
fegato, liver
ferire, to wound
fermarsi, to stop. — a mezzo: to stop whatever one is doing
fermento, yeast; leaven
fermezza, determination
fermo, stopped; parked. punto —: fixed point
ferreo, of iron
ferriera, iron-foundry
festa, fare —: to make merry
festoso, festive
fettina, slice; strip
fianco, side
fiato, breath
fidanzarsi, to become engaged
fidanzato, engaged
fidarsi, to rely upon; trust

fiducia, confidence
figliolo, boy; son
figurare, *tr.*, & *rfl.*, to imagine
filo, wire; cable; thread.
 — **d'erba**: blade of grass
finanziamento, budgeting
finché, whilst
fine, *f.*, end
finestra, window
fingere, to pretend
finora, until now
finta, far —: to pretend
fioco, feeble
fiore, *m.*, flower
firma, signature
firmare, to sign
fischiare, to whistle. *intr.*, to crack (of a whip)
fischiettare, to whistle
fischio, whistle
fissare, to stare; stare at
fissato, obsessed
fissazione, *f.*, obsession
fisso, staring. **guardare —:** to stare at
foglia, leaf
foglio, sheet (of paper)
folla, crowd
fondo, background; rear. **in —:** essentially
forestiero, stranger
formaggio, cheese
fornaio, baker
fornire, to supply
foro, gap; hole
forse, perhaps
forte, loudly
fortunato, lucky
forza, per —: of necessity
fosso, ditch
fracassare, to smash to bits

fragore, *m.*, noise
frana, landslide
frapporsi, to interfere
frase, *f.*, phrase; sentence
frastuono, noise; bustle; din; roar
fratellino, little brother
frattempo, nel —: meanwhile
fregare, to rub
fremito, shudder
frequentare, to visit; attend
fretta, haste; hurry
frettoloso, hurried
fronte, *f.*, forehead; head. **di —:** facing; opposite
frugare, to rummage; search. **fruga e fruga:** by searching all over
frusta, whip
fucile, *m.*, rifle
fuga, flight
fuggire, to run away; run off
fulminare, to look daggers at
fulmine, *m.*, thunderbolt
fumare, to smoke
funebre, funereal; lifeless
fuoco, fire
furbesco, roguish
furbo, clever; crafty; sly. **fare il —:** to try to be clever
furto, theft

G

galantuomo, gentleman; honest man
garbo, courtesy
garzone, *m.*, boy; lad
gattino, kitten
gatto, cat
gaudente, *m.*, pleasure-seeker

gemere, to sob

genere, *m.,* kind; sort. **in —:** usually

generico, vague

gente, *f.,* people

gentile, kind

gesto, gesture; action

gettare, to throw

ghignetto, wry smile

ghiotto, greedy

giardino, garden

ginocchio, knee

giocare, to play

gioco, game

giornale, *m.,* newspaper

giornalista, *m.,* journalist; newspaperman

giorno, day

giostra, merry-go-round

giovane, young

giovare, to help; do good

girare, to go round; turn. **gira gira:** in the long run

giro, turn

giudicare, to judge

giudice, *m.,* judge

giungere, to clasp

giurare, to swear

giustizia, justice

giusto, *adj.,* fair. *adv.,* quite

glorioso, glorious; heroic

goccia, drop

gocciolina, tiny drop

golf, *m.,* cardigan; pullover

gomito, elbow

gomma, rubber

gonna, skirt

governo, government

gracile, delicate

gradino, step

gramo, wretched; mean

N

granello, grain; kernel

grasso, fat

grazia, grace

grazioso, pretty

gretto, niggardly

gridare, to shout; cry out

grigio, grey

grillo, cricket: fancy; whim

grosso, big

guaio, misfortune; difficulty; trouble

guancia, cheek

guardia, guard; sentry

guarigione, *f.,* recovery

guarire, to recover; get better

guastare, to spoil; ruin

guasto, out of order; rotten

guerra, war

guidatore, *m.,* leader

gusto, taste

I

idolatrare, to worship

igiene, *f.,* hygiene

ignorare, to be unaware of

imbarazzare, to embarrass

imbecillagine, *f.,* stupid nonsense

imbrogliare, to involve; deceive

immolarsi, to sacrifice oneself

immotivato, baseless

impallidire, to turn pale

imparare, to learn

impassibile, impassive

impastare, to knead

impaurire, to frighten

impazzire, to go mad

impedire, to prevent

impegno, pledge; obligation

impicciarsi, to meddle
impiccio, difficulty; tangle
impiccolire, to diminish
impiegare, to use
impiegato, clerk
implicare, to imply
imponenza, grandeur
imporre, to require
importare, to matter
impostare, to post
imprenditore, *m.*, contractor
impressionante, impressive
impressionare, to impress; move; touch
impressionato, affected; struck
impressione, fare —: to shock
impreveduto, unexpected
imprevisto, unforeseen
improvvisamente, suddenly
improvviso, sudden. **all'—:** suddenly
imprudente, careless
imputare, to blame; ascribe
inacidire, to turn sour
inaudito, unheard of
inavvertito, unnoticed
incalcinato, lime-stained
incalzare, to become more insistent
incantato, enchanted
incaricare, to charge (with); appoint
incarico, job; appointment
incartato, wrapped in paper
incastrare, to fit; dovetail
incastro, joint; dovetail
incerato, waterproof
incespicare, to stumble
inchinarsi, to bow

inchino, bow; courtesy
inchiodato, nailed; confined
incinta, pregnant
incolpare, to blame; accuse
incontrare, to meet
incontro, meeting
inconveniente, *m.*, difficulty; trouble
incubo, nightmare
incuria, negligence
indaffarato, busy
indagare, to investigate
indagine, *f.*, inquiry
indennizzo, compensation
indice, *m.*, fore-finger
indietreggiare, to retreat
indiziato, suspect
indovinare, to guess
indubbiamente, without any doubt
inezia, trifle
infangato, splashed with mud
infantile, child-like
infatti, in fact
infelice, unhappy
infermiera, nurse
infetto, infected
infiltrato, waterlogged
infine, lastly
inforcare, to put on
infortunio, accident
ingannare, to deceive
ingegnere, *m.*, engineer
inghiottire, to swallow; swallow up
ingiusto, unjust
ingombrare, to encumber; litter
ingranaggio, gear-mechanism; (*fig.*) organization
ingrato, ungrateful

inidoneo, unsuitable
iniettare, to inject
iniquo, iniquitous
innamorata, sweetheart
innegabile, undeniable
innesco, fuse
inoltrarsi, to go away: to advance
inoltre, in addition; besides
inopinato, sudden
inorgoglire, to grow proud
inquieto, anxious
inquietudine, *f.*, uneasiness
insanguinato, covered with blood
insapore, *m.*, lack of flavour
insegnare, to teach
inseguire, to pursue
insieme, *adv.*, together. *n.m.*, whole
insolito, unusual
intanto, meanwhile; after all
intendere, to mean
intenzione, *f.*, intention; deliberateness. **aver — di:** to intend
interdetto, dumbfounded
interessarsi, to intervene
interpellare, to consult
interrompere, to interrupt; break off; cut off
intesa, understanding; agreement
intiero, whole
intontire, to stupefy; stun
intorno, round; around
intralciare, to complicate matters
intruso, intruder
inutile, useless
invecchiare, to grow old

invece, instead
investimento, collision; accident
investire, to run over
involto, parcel
inzaccherato, splashed with mud
ipocrisia, hypocrisy
ipotesi, *f.*, hypothesis
irrispettoso, disrespectful
ironico, ironical; condescending
ironizzare, to sneer
irto, bristling; standing up on end
istante, *m.*, moment
istruito, well-educated
istruttivo, revealing
istruttoria, investigation

L

lacrima, tear
lacrimoso, tearful
ladro, thief
lamentoso, full of complaints; plaintive
lampada, lamp. **— a riflettore:** floodlamp
lampadina, small lamp
lanterna, lamp
largo, room; space
lasciare, to leave
lavagna, blackboard
leale, loyal
lebbroso, leper
legare, to bind
legge, *f.*, law
leggere, to read
leggero, light; slight
legname, *m.*, timber
lento, slow

N*

lesso, boiled meat
letto, bed
leva, lever; control
levare, to take away; remove: to raise
libbra, pound
libero, free
libro, book
lieto, happy
lieve, slight
limpido, clear
liquore, *m.*, drink; liqueur
litigare, to quarrel
litigio, quarrel; argument
logorare, to wear away
lontano, distant
lucere, to shine
lucido, glossy; shiny
luglio, July
lungo, long. **alla lunga:** in the end
lusingare, to flatter

M

macchia, stain; spot
macchiare, to stain
macchina, car
macellaio, butcher
macinare, to grind
maciullato, crushed
magari, perhaps; probably; rather
malato, *adj.*, ill; *n.m.*, invalid
malattia, illness
male, far —: to hurt
maledetto, accursed
malessere, *m.*, uneasiness; discomfort; malaise
malore, *m.*, sickness
malumore, *m.*, ill-temper
malvolere, *m.*, malevolence

mancare, to lack
mandare, to send
mangiare, to eat
manicomio, lunatic asylum
mano, *f.*, hand. **man forte:** strength. **man mano:** gradually
manovale, *m.*, labourer
manovra, trick; catch
manzo, beef
marciare, to march
marcio, rotten; unsound
marito, husband
martire, *m.*, martyr
mascalzone, *m.*, rascal
massiccio, heavy; burly; massive; solid
massima, di —: provisional
matassa, skein. **tutt'una —:** all tangled up
matita, pencil
mattino, morning
matto, mad
mattone, *m.*, brick
maturare, to ripen; develop
mediante, by means of
medico, doctor
melato, honeyed
melma, mire
meno, fare a — di: to do without
meraviglia, marvel
meraviglioso, wonderful
mese, *m.*, month
Messico, Mexico
metà, half
mettere sotto, to run over
mettersi a, to begin to
mezzo, middle: means
miccia, fuse
migliaio, about a thousand

miglio, mile

miliardo, a thousand million

minaccioso, threatening; full of menace

minimo, tiny

ministero, ministry

miope, short-sighted

mirare, to aim

miseria, wretchedness

misero, poor

misura, measure

mobile, *m.*, piece of furniture

mobiliare, to furnish

modo, manner. **ad ogni —:** in any case

moglie, *f.*, wife

mondo, world

moneta, coin

monte, *m.*, mountain; heap

morboso, morbid

mordere, to bite

morente, dying

morsa, vice

morso, bite; gnawing

motivo, reason: tune

motore, *m.*, engine

motorista, *m.*, mechanic; engine-man

mozzicone, *m.*, stub

mozzo, cut short

mucchietto, little heap

muovere, *tr.* & *rfl.*, to move

muto, silent

N

nascere, to be born

nascondere, to hide

nascosto, hidden. **di —:** secretly

neanche, not even

nebbia, mist

nemico, enemy

nemmeno, not even

nesso, connection

netto, clear-cut

neve, *f.*, snow

niente, nothing: not at all

nobilitare, to ennoble

nòcciolo, kernel; heart (of the matter)

noncuranza, nonchalance

notizia, piece of news: (*pl.*) news

notturno, night (*adj.*)

nuocere, to hurt; harm

nuotare, to swim

nuovo, di —: again

nutrire, to feed; nourish

nuvola, cloud

nuvolo, dark cloud

O

obbedire, to obey

obbligare, to force; compel

obbligo, obligation

occasione, *f.*, opportunity

occhiali, *m.pl.*, spectacles

occhiata, glance

occhio, eye. **perdere d' —:** to let out of one's sight

occorrere, to be necessary

odiare, to hate

odio, hatred

odioso, hateful

oggetto, object; article

oggi, today

ognuno, each

oltre, beyond

omaccio, nasty fellow; rogue

ombra, shadow. **fare — a q.:** to stand in somebody's light

ombrello, umbrella

onda, wave
onore, *m.*, honour
opera, work
operaio, workman
opporsi, to resist
opprimere, to oppress; bully
oppure, or
orario, time-table: shift. in perfetto —: dead on time
ordinato, orderly; tidy
ordine, *m.*, order
orecchio, ear
organizzativo, organizational
orgoglio, pride
orgoglioso, proud
oriente, *m.*, east
orlo, brink
ormai, now
orologio, watch. vita-orologio: clockwork existence
orto, garden
osare, to dare
oscurare, to darken
oscurità, darkness
oscuro, dark. all'—: in the dark
osso, bone
ostia, host
ottenere, to obtain; ensure
ozioso, idle

P

pacato, calm
pacchetto, small parcel
padrona, mistress
padrone, *m.*, master: employer
padroneggiare, to master
paese, *m.*, country: village
paesetto, little village; hamlet
paga, pay

pagare, to pay
pagina, page
pagliacciata, tomfoolery
pagliaccio, clown
pagliericcio, straw-mattress
palanca, girder
palazzo di giustizia, law-courts
pallido, pale
panca, bench
panno, cloth
pantaloni, *m.pl.*, trousers
pantano, bog; boggy ground; swamp
parecchio, a good deal; much. (*pl.*) several
parente, *m.* or *f.*, relation; relative
parere, *v.intr.*, to seem: *n.m.*, opinion
parete, *f.*, wall
parola, word. prendere q. in —: to take someone at his word
parte, *f.*, side. a —: apart from. — lesa: plaintiff
partenza, start
partire, to leave
partorire, to have a child
pascere, to feed; nourish
passatempo, pastime; hobby
passeggiatina, little walk
passeggio, andare a —: to go for a walk
passo, move, step, footstep: (*pl.*) walk. dare il —: to make way
pastrano, overcoat
patire, to suffer
patto, pact
pavimento, ground; floor

pazientare, to be patient

pazzia, madness

pazzo, mad

pece, *f.*, pitch; tar

pecora, sheep

pelle, *f.*, skin

pelliccia, fur; fur-coat

pena, suffering; difficulty

pendenza, slope; gradient

pendere, to hang

pendola, clock

pensiero, thought

pensieroso, thoughtful; pensive

pentire, to repent

perbacco!, Heavens! Good Lord!

percentuale, *f.*, percentage

percorrere, to pass along; pass through: to search

percuotere, to strike

perdere, to lose

perdio, for God's sake

perdita, loss

perditempo, waste of time

perdonare, to forgive

perfido, treacherous

pericoloso, dangerous

perno, pivot

però, however

persino, even

personaggio, character; personage

pesante, heavy; difficult

pesare, to weigh

pesce, *m.*, fish

peso, weight. **dar** —: to attach importance

pestare, to tread on

petto, chest. **mal di** —: chest-ailment

pezzo, piece. **da un** —: for some time

piacere, *m.*, pleasure. **fa** —: it is nice

piagnucolare, to whimper

piangere, to cry; weep

piano, *n.m.*, floor (of a building); storey: *adv.*, softly

pianta, tree

piantare lí, to abandon

piazza, square

piedistallo, pedestal; monument

piedritto, plank

piegare, *tr.*, to bend; soften. *rfl.*, to bow; lower one's head

pietà, compassion

pietoso, kind

pietra, stone

pillola, pill

pioggia, rain

piovere, to rain

piovigginare, to drizzle

piovoso, rainy: rain-soaked

piuttosto, rather

poco, fra —: soon

podagra, gout

politica, politics

polvere, *f.*, dust

polveroso, dusty

pomeriggio, afternoon

porcheria, mess

porco, pig

porgere, to hand over; offer

porre le basi, to lay the foundations

portare, to carry: to lead

portata, scope; importance

porticina, little door

portone, *m.*, entrance; main-door

posare, to place; set down

possedere, to possess

possibile, nei limiti del —: as far as is possible

possibilità, chance

posticino, little place

posto, place. **andare a —:** to go according to plan. **avere la coscienza a —:** to have a clear conscience

postribolo, brothel

potente, powerful

potere, *m.,* power

poveretti, *m.pl.,* poor people; the poor

pozzetto, sump

prato, meadow

precipitarsi, to rush; throw oneself

predisporre, to pave the way for

pregare, to pray; beg; ask

premere, to press

premio, reward

premura, care; attention

premuroso, solicitous

prendere a calci, to kick

preoccuparsi, to worry

preoccupato, worried

preparativo, preparation

presentare, to introduce

presente, aver —: to remember

presso a poco, almost

presto, quickly

pretesto, pretext

prevenire, to avoid

preventivo, estimate

prezzo, price

prigione, *f.,* prison

principio, beginning: principle: touch; shade

privare, to deprive

privato, bereft; destitute

processo, trial

progetto, plan; blueprint

proposito, purpose. **a — di:** with regard to

proposizione, *f.,* proposal

proposta, proposal

proprio, precisely; truly; just; exactly

prorompere, to burst out

proseguire, to proceed; continue

prospettiva, prospect; view

protagonista, *m.* or *f.,* principal character

prova, proof. **fare delle prove:** to rehearse

provare, to experience

provenire, to emerge; arrive

pubblico, audience

pugno, fist; blow with the fist

pulire, to clean

pulito, clean

pungere, to sting

punta, tip

puntare, to point

puntiglio, spite

puntino, dot

punto, point

purché, provided that

purtroppo, unfortunately

Q

quaggiú, down here

qualcuno, somebody

qualsiasi, any

qualunque, any; whatever

quasi, almost; like

questione, *f.,* problem; trouble
quivi, there

R

rabbia, anger
raccogliere, to gather
raccogliticcio, hired
raccontare, to describe; talk about; relate; tell
raccordo, junction
radice, *f.,* root. — **del naso:** bridge of the nose
radunare, *tr.,* to assemble. *rfl.,* to assemble; meet
raffreddore, *m.,* cold
ragazza, girl
ragazzetta, young girl; teen-ager
ragazzo, boy
raggio, ray
ragionare, to talk; talk over
ragionatore, *m.,* one who reasons things out
ragione, *f.,* reason. **aver —:** to be right. **dar —:** to agree
ragno, spider
rammaricato, sorrowful
rammarico, regret; sorrow
rammentare, to remember
ramo, branch
rana, frog
rapporto, connection
rassicurare, to reassure
rattoppare, to patch
rattrappire, to paralyse
razionale, efficient
reagire, to react; counter
recarsi, to proceed
recita, play-acting; piece of acting

recitare, to act
redarguire, to scold
regalare, to give
regalo, gift
registrare, to record
regolare, *(adj.)* official; formal
rendere, to give back: to produce
rendersi conto, to realize; understand
rendimento, output
repertato, *(leg.)* found
requie, *f.,* rest
resistente, strong
respingere, to push aside
respirare, to breathe
respiro, breath
restare, to remain
resto, del —: besides; after all
retrobottega, back-room
reuma, *m.,* twinge of rheumatism
riaccostarsi, to renew friendly relations
rialzarsi, to draw oneself up
ribellarsi, to rebel
richiamare, to call back
richiedere, to require
ricomporsi, to recover one's composure
riconoscente, thankful
riconoscere, to recognize; admit
ricordare, *tr. & rfl.,* to remember
ridere, to laugh
ridicolo, ridiculous
ridurre, to reduce
riempire, to fill
riesame, *m.,* revision

riferire, to report; tell; relate

rifiutare, *tr.* & *rfl.*, to refuse

riguardare, to concern

riguardo, regard; respect. **a suo —:** on his account

rimandare, to postpone

rimasuglio, remains

rimborsare, to reimburse

rimedio, remedy; cure

rimettere, to replace

rimessa, garage

rimorso, feeling of guilt

rimproverare, to reproach

rinchiudere, to lock up

rincuorare, to comfort

ringraziare, to thank

rinunciare (a), to renounce; give up; forgo

rinvangare, to dig over again

riparare, to shield

ripensare, to go on thinking

riposare, to rest; soothe

riposo, rest

riprendere, *tr.*, to continue; resume; start again: to catch. *rfl.*, to recover

ripugnare, to disgust

risarcimento, compensation

risata, laughter

riscaldamento, heating

riscaldare, to warm. (*fig.*) to encourage

riscatto, redemption

riscavare, to dig up

rischio, risk

riscuotersi, to start; shudder

risolvere, to settle; solve; straighten out

risorgere, to rise again

risparmiare, to save

rispetto a, in view of

rispondere, to answer; reply: to conform; correspond

ristabilire, to restore

risultare, to appear true

risultato, result

ritardo, in —: behind schedule

ritenere, to consider; believe; think

ritirarsi, to withdraw

ritornello, refrain

ritrarsi, to withdraw

ritrovare (*v.tr.*) to recover

riunione, *f.*, meeting

riunirsi, to join

riunito, amalgamated

riuscire, to succeed: to turn out

riva, bank; edge

rivelare, to reveal; tell

rivolgere, to turn: to address

rivoltarsi, to turn over and over

roccia, rock

roco, hoarse

romanticheria, misguided notion

ronzare, to buzz. (*fig.*) to hang around

rospo, toad

rotolare, to roll

rotolo, roll

rovesciare, to turn inside out

rovinare, to damage badly

rovinato, ruined: done for

rubare, to steal

rubinetto, tap

ruggine, *f.*, rust

rugiadoso, dewy. (*fig.*) fawning

rullo, roller

rumore, *m.*, noise

rumoreggiare, to talk aloud
rumoroso, noisy
ruota, wheel

S

sabato, Saturday
saccoccia, bag
salire, to go up; rise
salubre, healthy
salutare, to greet: to wave goodbye
salvaguardare, to safeguard
salvare, to save
salve, greetings
salvo, safe
sanguinare, to bleed
sapore, *m.,* taste
sasso, stone
saturo, saturated
savio, wise; good
sazio, sated
sbadatamente, absent-mindedly
sbagliare, *tr.,* to miss. *intr.,* to make a mistake; to go wrong. *rfl.,* to make a mistake
sbaglio, mistake
sbiadito, pale; faded
sbrigare, *tr.,* to rush through. *rfl.,* to get a move on; to hurry
sbuffare, to puff; explode
scadenza, in —: falling due
scala, stair
scalo, goods-station
scalpiccío, scraping of feet
scaltro, cunning
scandagliare, to feel one's way
scarmigliato, dishevelled

scarpa, shoe
scarpata, embankment
scavalcare, to bypass; supplant
scavo, excavation
scegliere, to choose
scellerato, villain; rascal; scoundrel; ruffian
scenario, panorama; vista
scendere, to descend; go down; get off; get out
scherzare, to joke; play a joke
scherzo, joke
schiacciare, to crush
scintilla, spark
sciocchezza, folly: trifle; foolish action; matter of no importance. *(pl.)* nonsense
sciocco, *adj.,* foolish. *n.m.,* fool
sciupare, to spoil: to shatter
scivolare, to slip; sidle
scomodo, uncomfortable; unpleasant. **strada scomoda:** bad road
scomparire, to disappear
scomparsa, disappearance; death
scompenso, disability; inconvenience
sconclusionare, to ramble; meander
sconosciuto, *(n.)* stranger
sconsigliato, ill-advised
sconvolto, overcome
scoperto, uncovered. **tengo la faccia scoperta:** I've got nothing to hide
scopo, aim; purpose; object
scoppiare, to burst out

scoppio, explosion

scoprire, to discover; uncover; find; disclose

scordarsi, to forget

scorgere, to perceive

scortare, to escort

scrivere, to write

scrupolo, scruple

scuotere, to shake

scuro, dark

scusa, excuse

scusare, to excuse

sdegnato, bad-tempered

sdegno, indignation

seccare, to annoy

secolo, century

secondo, according to

sedere, to sit

seduta, session

seggiola, chair

segnale, *m.*, signal

segno, mark

seguire, to follow

seguitare, to continue

seguito, in —: afterwards

sensibilità, sensitiveness

senso, direction. nel — buono: in the right direction

sentenza, judgment

sentimentalismo, sentimentality

sentimento, feeling

sentire, to hear: to feel: to taste. stare a —: to listen

seppellire, to bury

sera, evening

sereno, peaceful

serio, serious. sul —: seriously

servire, to be of use

servizio, stare a —: to be in service

settimana, week

sfamare, to save from starvation

sfiduciato, crestfallen; discouraged

sfiorare, to touch on

sfollare, to disperse

sfondato, worn out

sforzarsi, to make an effort

sforzato, forced

sforzo, effort

sfuggire, to escape

sfumatura, hint; shade

sgabuzzino, lumber-room

sgarbato, rough; rude

sgombrare, to evacuate

sgomento, *adj.*, frightened; dismayed. *n.m.*, dismay

sgorbio, scrawl

sgridare, to scold; shout at

sguardo, glance; look

sicché, so that

siccome, since

sicurezza, security; safety

sicuro, *adj.*, safe. *adv.*, of course

sigaro, cigar

Signore, Lord

sillabare, to spell out

simile, di —: of the kind

simulare, to pretend; fake

sincerarsi, to make sure

singhiozzare, to sob

singhiozzo, sob

sistemazione, *f.*, settlement

smancare il piede, to lose one's footing

smarrimento, bewilderment

smarrito, bewildered

smettere, to stop

smorfia, grimace

smorto, pale; wan

smuovere, to shift; displace. **terra smossa:** ground which has been dug over

socchiudere, to half-open; half-close

società, company

soddisfazione, *f.,* pleasure; reward

soffiare, to blow

soffio, puff (of wind)

soffitto, ceiling

soffocato, suffocated; strangled

soffrire, to suffer

soggezione, *f.,* shyness; un-easiness

soglia, threshold

sognare, to dream

sogno, dream

sole, *m.,* sun

solitario di carte, game of patience

solito, usual; customary

sollevare, to raise

sollevato, in good spirits

sollievo, relief

soltanto, only

somigliare, to resemble

somma, sum-total

sommesso, subdued

sonno, sleep

sontuoso, sumptuous

soppiantare, to replace; sup-plant

sopraluogo, on-the-spot in-vestigation

soprannome, *m.,* nick-name

soprassoldo, overtime pay

soprattutto, above all; especi-ally

sopravvivere, to survive

sordo, deaf

sorellina, little sister

sorgere, to rise

sorprendere, to surprise

sorriso, smile

sorso, sip

sorte, *f.,* destiny; fate

sorvegliante, *m.,* foreman; overseer

sospendere, to adjourn

sospeso, in —: awaiting settlement

sospetto, suspicion

sospirare, to sigh

sospiro, sigh

sostenere, to maintain

sostituire, to replace

sottecchi, di —: stealthily

sottofondo, depths

sottomettere, to submit

sottoscritto, undersigned

sottrarsi, to withdraw

sovrabbondante, superfluous

spaccare, to split

spalancare, to open wide; throw wide open

spalla, shoulder. **voltare le spalle:** to turn one's back

sparare, to fire; shoot

spargere, *tr. & rfl.,* to spread

sparire, to disappear

sparpagliare, to scatter

spartire, to separate

spaventare, to frighten

specchiarsi, to look into a mirror

specchio, mirror; looking-glass

specie, *n.f.*, kind. *adv.*, especially

spegnere, to extinguish; turn out; spend

speranza, hope

sperare, to hope

spesa, expense: shopping

spesso, often

spettare a, to be the concern of

spezzare, to smash; break

spiaccicare, to crush

spiare, to watch

spiccia, alla —: briskly

spiegare, *tr.*, to explain. *rfl.*, to explain: to understand

spiegazione, *f.*, explanation

spietato, pitiless

spingere, to push; drive

spinta, push

spogliare, to strip

sporcare, to make dirty

sporco, dirty

spregevole, despicable; contemptible

spremere, to squeeze; wring out; crush

spuntare, to appear

spunto, starting point

sputo, spit

squadra, team; shift

squillo, trumpet-call

stabilire, to decide

stadio, sports-arena; stadium

stagione, *f.*, season

stamane, this morning

stancarsi, to tire

stanchezza, tiredness

stanco, tired

stanotte, last night: tonight

stanza, room

stanziare, to set apart

stanzone, *m.*, large room

stare per, to be about to

stasera, this evening

stella, star

stendere, to stretch forth

stentare, *intr.*, to do (something) with difficulty; to have difficulty: to be in need. *rfl.*, to strive

stento, hardship

sterile, barren

sterminato, immense

stimare, to respect

stingere, to discolour

stivalone, *m.*, gum-boot

stizzito, angry; cross

stordito, dazed

storia, history

storto, twisted

straccione, *m.*, ragged individual

strada, street. **a mezza —:** half way there. **mettersi in —:** to start out

strage, *f.*, disaster

straniero, foreign

strappare, to tear up

strappo, break; jerk

stretto, tight

stridulo, shrill

strinare, to scorch

stringere, to tighten; press closely. **— un accordo:** to conclude an agreement

stringersi la mano, to shake hands

strofinare, to rub

strumento, instrument

stufa, stove

stufo, weary; sick; bored

stupire, to shock; stupefy
stupito, amazed; astonished
stupore, *m.*, amazement
subire, to put up with; suffer
subito, immediately; at once
succedere, to happen
succhiare, to suck
sudare, to perspire; sweat
sudato, wet with perspiration
sudore, *m.*, sweat; perspiration
suggerire, to prompt
suono, sound
supplicare, to plead
supplichevole, pleading
svegliare, *tr.* & *rfl.*, to wake up
sviscerare, to exhaust
svolgersi, to take place; happen; unfold

T

tacere, to be silent
tagliare, to cut
taglio, cut
tantino, little bit
tanto, ogni —: every so often
tardi, late
tasca, pocket
taumaturga, miracle-worker (*f.*)
tavola, board; plank
tavolo, table
tazzina, small cup
tempia, temple. (*pl.*) hair at the temples
tempismo, timing
tempo, weather. **a suo —:** at the proper time
temporale, *m.*, storm; thunderstorm

tenda, curtain
tendere, to extend; point
tenore (*m.*) **di vita,** standard of living
tentare, to attempt; try
tentativo, attempt
termosifone, *m.*, radiator
terra, earth
terreno, ground
tesi, *f.*, thesis
testa, head
testimoniare, to give evidence
testimon-e, -io, (*m.*) witness
testone, *m.*, big head
tetro, gloomy; dismal; sad
tifo, typhus
tight, *m.*, morning dress
tigre, *f.*, tiger
timore, *m.*, fear
tirare, to pull: to draw; draw in: to throw: — **in ballo:** to drag in
tisico, consumptive
toccare, to touch
toga, robe; gown
togliere, *tr.* & *rfl.*, to take off; remove
tonnellaggio, tonnage
toppa, patch
torbido, polluted
torcere, to twist
torchiare, to crush
torchio, press
tornare su, to revise
toro, bull
tovaglia, table-cloth: meal
tovagliolo, napkin
traboccare, to tip over
traccia, trace
tradire, to betray

tragitto, crossing; journey
tranello, trick; trap; plot
trappola, trap
trascinare, to drag
trascorrere, to pass
traslocare, to remove
trasportare, to carry away
trattare, to treat: to negotiate
trattarsi (di), to be a question (of)
trattenere, to hold up
tratto, d'un —: suddenly
traversare, to cross
traverso, through
travolgere, to overwhelm; overcome
tremare, to tremble; shake
tremendo, dreadful
triste, sad
tristezza, sadness
trivellare, to drill; bore
troncare, to snap
trovare, to find
trucco, fraud
truce, sinister
tuonare, to thunder
tuono, thunder
turbamento, uneasiness
turbato, ruffled; agitated
turno, shift
tutela, protection
tuttavia, yet; however

U

ubbidire, to obey
ubriacone, *m.,* drunkard
uccidere, to kill
uccisore, *m.,* killer
udire, to hear
uditivo, auditory
ufficio, office

uguale, equal; like; the same
ulcerare, to ulcerate; make fester
ultimo, last. **in —:** at the last moment: lately
ululo, wail
umido, *adj.,* damp; wet. *n.m.,* dampness
umile, humble
unguento, balm
unico, only
uniforme *(f.)* **di gala,** dress-uniform
urlare, to shriek
urlo, shriek
urtare, *tr.,* to annoy. *rfl.,* to collide
usciere, *m.,* usher
uscio, doorway; door
uscire, to go out; get out
utile, *adj.,* useful: possible. *n.m.,* profit; benefit
utilizzare, to use
uva, grapes

V

valere, to be of value. **farsi —:** to assert oneself
valico, mountain-pass
vanitoso, conceited
vantaggio, advantage
vasto, broad
vecchietto, old fellow
vece, *f.,* place
vedova, widow
veleno, poison
vendicarsi, to avenge oneself
ventata, gust of wind
vento, wind
verbale, *m.,* minutes; report

vergogna, shame; feeling of shame
vergognarsi, to be ashamed; feel ashamed
vergognoso, ashamed
verificarsi, to come to light
verità, truth
verme, *m.*, worm
vernice, *f.*, paint
vero, true
versare, to pour
verso, towards
veste, *f.*, dress
vestire, to dress
vestito, clothing
vetro, glass
vetta, peak; summit
viaggiare, to travel
viaggio, journey. (*pl.*) travel
vicino, near
vigilare, to keep watch
vigliaccheria, meanness
villeggiatura, holiday; vacation
vincere, *tr.*, to overcome; conquer. *rfl.*, to control oneself
viscere, *f.pl.*, guts

viso, face
vista, view
vittima, victim. **fare la** —: to make a martyr of oneself
viziare, to spoil
vocabolo, word
voglia, desire; wish
volare, to fly; be in the air
volere, — **bene a q.:** to love someone. — **dire:** to mean
volgersi, to turn
volontà, wish; will
volta, time: turn: arch. **una buona** —: once and for all. **a sua** —: in his turn
voltarsi, to turn
volto, face
vuoto, empty

Z

zelante, zealous
zitto, silent
zootecnia, animal-husbandry
zoppicare, to limp
zucchero, sugar
zuppa, soup
zuppo, drenched